I0473263

Reseller Inventory Log

If found, please return to

_____

_____

Inventory # W32

Brand & Description: *7 For All Mankind Dojo Jeans*

Date Sourced: *1/24/19*   Location: *Goodwill*   Cost: $ *8.61*

Condition: NWT   Pre-Owned   Category: Women   Men   Kids

Tag Size: *29*   Chest: Length: Sleeve: Neck:

Waist: *30"*   Inseam: *32"*   Rise: *9"*   Other:

Material(s): *98% Cotton + 2% Spandex*   Style #: *U115380S*

Flaw(s): *none*

Retail Price: $ *198*   Listing Price: $ *85*   Lowest Price: $ *60*

Date Sold: *3/27/19* $ *76* – $ *8.61* – $ *15.20* – $ *6.49* = $ *45.70*
                                    Sale Price   Cost   Fee(s)   Discount(s)   Profit

Notes: *Color: New York Dark*

NOTES

Inventory #

Brand & Description: _____

Date Sourced: _____ Location: _____ Cost: $ _____

Condition: NWT   Pre-Owned   Category: Women   Men   Kids

Tag Size: _____ Chest: _____ Length: _____ Sleeve: _____ Neck: _____

Waist: _____ Inseam: _____ Rise: _____ Other: _____

Material(s): _____ Style #: _____

Flaw(s): _____

Retail Price: $ _____ Listing Price: $ _____ Lowest Price: $ _____

Date Sold: _____ $ _____ – $ _____ – $ _____ – $ _____ = $ _____
                              Sale Price   Cost   Fee(s)   Discount(s)   Profit

Notes: _____

_____

Inventory #

Brand & Description: _____

Date Sourced: _____ Location: _____ Cost: $ _____

Condition: NWT   Pre-Owned   Category: Women   Men   Kids

Tag Size: _____ Chest: _____ Length: _____ Sleeve: _____ Neck: _____

Waist: _____ Inseam: _____ Rise: _____ Other: _____

Material(s): _____ Style #: _____

Flaw(s): _____

Retail Price: $ _____ Listing Price: $ _____ Lowest Price: $ _____

Date Sold: _____ $ _____ – $ _____ – $ _____ – $ _____ = $ _____
                              Sale Price   Cost   Fee(s)   Discount(s)   Profit

Notes: _____

_____

Inventory #

Brand & Description: _____

Date Sourced: _____ Location: _____ Cost: $ _____

Condition: NWT   Pre-Owned   Category: Women   Men   Kids

Tag Size: _____ Chest: _____ Length: _____ Sleeve: _____ Neck: _____

Waist: _____ Inseam: _____ Rise: _____ Other: _____

Material(s): _____ Style #: _____

Flaw(s): _____

Retail Price: $ _____ Listing Price: $ _____ Lowest Price: $ _____

Date Sold: _____ $ _____ – $ _____ – $ _____ – $ _____ = $ _____
                           Sale Price   Cost   Fee(s)   Discount(s)   Profit

Notes: _____

_____

Inventory #

Brand & Description: _____

Date Sourced: _____ Location: _____ Cost: $ _____

Condition: NWT   Pre-Owned   Category: Women   Men   Kids

Tag Size: _____ Chest: _____ Length: _____ Sleeve: _____ Neck: _____

Waist: _____ Inseam: _____ Rise: _____ Other: _____

Material(s): _____ Style #: _____

Flaw(s): _____

Retail Price: $ _____ Listing Price: $ _____ Lowest Price: $ _____

Date Sold: _____ $ _____ – $ _____ – $ _____ – $ _____ = $ _____
                           Sale Price   Cost   Fee(s)   Discount(s)   Profit

Notes: _____

_____

Inventory #

Brand & Description: _____

Date Sourced: _____ Location: _____ Cost: $ _____

Condition: NWT   Pre-Owned   Category: Women   Men   Kids

Tag Size: _____ Chest: _____ Length: _____ Sleeve: _____ Neck: _____

Waist: _____ Inseam: _____ Rise: _____ Other: _____

Material(s): _____ Style #: _____

Flaw(s): _____

Retail Price: $ _____ Listing Price: $ _____ Lowest Price: $ _____

Date Sold: _____ $ _____ − $ _____ − $ _____ − $ _____ = $ _____
Sale Price   Cost   Fee(s)   Discount(s)   Profit

Notes: _____

_____

Inventory #

Brand & Description: _____

Date Sourced: _____ Location: _____ Cost: $ _____

Condition: NWT   Pre-Owned   Category: Women   Men   Kids

Tag Size: _____ Chest: _____ Length: _____ Sleeve: _____ Neck: _____

Waist: _____ Inseam: _____ Rise: _____ Other: _____

Material(s): _____ Style #: _____

Flaw(s): _____

Retail Price: $ _____ Listing Price: $ _____ Lowest Price: $ _____

Date Sold: _____ $ _____ − $ _____ − $ _____ − $ _____ = $ _____
Sale Price   Cost   Fee(s)   Discount(s)   Profit

Notes: _____

_____

Inventory #

Brand & Description: _____

Date Sourced: _____ Location: _____ Cost: $ _____

Condition: NWT   Pre-Owned   Category: Women   Men   Kids

Tag Size: _____ Chest: _____ Length: _____ Sleeve: _____ Neck: _____

Waist: _____ Inseam: _____ Rise: _____ Other: _____

Material(s): _____ Style #: _____

Flaw(s): _____

Retail Price: $ _____ Listing Price: $ _____ Lowest Price: $ _____

Date Sold: _____ $ _____ – $ _____ – $ _____ – $ _____ = $ _____

                         Sale Price   Cost   Fee(s)   Discount(s)   Profit

Notes: _____

_____

Inventory #

Brand & Description: _____

Date Sourced: _____ Location: _____ Cost: $ _____

Condition: NWT   Pre-Owned   Category: Women   Men   Kids

Tag Size: _____ Chest: _____ Length: _____ Sleeve: _____ Neck: _____

Waist: _____ Inseam: _____ Rise: _____ Other: _____

Material(s): _____ Style #: _____

Flaw(s): _____

Retail Price: $ _____ Listing Price: $ _____ Lowest Price: $ _____

Date Sold: _____ $ _____ – $ _____ – $ _____ – $ _____ = $ _____

                         Sale Price   Cost   Fee(s)   Discount(s)   Profit

Notes: _____

Inventory #

Brand & Description: _____

Date Sourced: _____ Location: _____ Cost: $ _____

Condition: NWT Pre-Owned Category: Women Men Kids

Tag Size: _____ Chest: _____ Length: _____ Sleeve: _____ Neck: _____

Waist: _____ Inseam: _____ Rise: _____ Other: _____

Material(s): _____ Style #: _____

Flaw(s): _____

Retail Price: $ _____ Listing Price: $ _____ Lowest Price: $ _____

Date Sold: _____ $ _____ − $ _____ − $ _____ − $ _____ = $ _____
                          Sale Price   Cost   Fee(s)   Discount(s)   Profit

Notes: _____

_____

Inventory #

Brand & Description: _____

Date Sourced: _____ Location: _____ Cost: $ _____

Condition: NWT Pre-Owned Category: Women Men Kids

Tag Size: _____ Chest: _____ Length: _____ Sleeve: _____ Neck: _____

Waist: _____ Inseam: _____ Rise: _____ Other: _____

Material(s): _____ Style #: _____

Flaw(s): _____

Retail Price: $ _____ Listing Price: $ _____ Lowest Price: $ _____

Date Sold: _____ $ _____ − $ _____ − $ _____ − $ _____ = $ _____
                          Sale Price   Cost   Fee(s)   Discount(s)   Profit

Notes: _____

_____

Inventory #

Brand & Description: _____

Date Sourced: _____ Location: _____ Cost: $ _____

Condition: NWT   Pre-Owned   Category: Women   Men   Kids

Tag Size: _____ Chest: _____ Length: _____ Sleeve: _____ Neck: _____

Waist: _____ Inseam: _____ Rise: _____ Other: _____

Material(s): _____ Style #: _____

Flaw(s): _____

Retail Price: $ _____ Listing Price: $ _____ Lowest Price: $ _____

Date Sold: _____ $ _____ – $ _____ – $ _____ – $ _____ = $ _____
                              Sale Price   Cost   Fee(s)   Discount(s)   Profit

Notes: _____

_____

Inventory #

Brand & Description: _____

Date Sourced: _____ Location: _____ Cost: $ _____

Condition: NWT   Pre-Owned   Category: Women   Men   Kids

Tag Size: _____ Chest: _____ Length: _____ Sleeve: _____ Neck: _____

Waist: _____ Inseam: _____ Rise: _____ Other: _____

Material(s): _____ Style #: _____

Flaw(s): _____

Retail Price: $ _____ Listing Price: $ _____ Lowest Price: $ _____

Date Sold: _____ $ _____ – $ _____ – $ _____ – $ _____ = $ _____
                              Sale Price   Cost   Fee(s)   Discount(s)   Profit

Notes: _____

_____

Inventory #

Brand & Description: _____

Date Sourced: _____ Location: _____ Cost: $ _____

Condition: NWT   Pre-Owned   Category: Women   Men   Kids

Tag Size: _____ Chest: _____ Length: _____ Sleeve: _____ Neck: _____

Waist: _____ Inseam: _____ Rise: _____ Other: _____

Material(s): _____ Style #: _____

Flaw(s): _____

Retail Price: $ _____ Listing Price: $ _____ Lowest Price: $ _____

Date Sold: _____ $ _____ – $ _____ – $ _____ – $ _____ = $ _____
                              Sale Price   Cost   Fee(s)   Discount(s)   Profit

Notes: _____
_____

Inventory #

Brand & Description: _____

Date Sourced: _____ Location: _____ Cost: $ _____

Condition: NWT   Pre-Owned   Category: Women   Men   Kids

Tag Size: _____ Chest: _____ Length: _____ Sleeve: _____ Neck: _____

Waist: _____ Inseam: _____ Rise: _____ Other: _____

Material(s): _____ Style #: _____

Flaw(s): _____

Retail Price: $ _____ Listing Price: $ _____ Lowest Price: $ _____

Date Sold: _____ $ _____ – $ _____ – $ _____ – $ _____ = $ _____
                              Sale Price   Cost   Fee(s)   Discount(s)   Profit

Notes: _____
_____

Inventory #

Brand & Description: _____

Date Sourced: _____ Location: _____ Cost: $ _____

Condition:　NWT　Pre-Owned　Category:　Women　Men　Kids

Tag Size: _____ Chest: _____ Length: _____ Sleeve: _____ Neck: _____

Waist: _____ Inseam: _____ Rise: _____ Other: _____

Material(s): _____ Style #: _____

Flaw(s): _____

Retail Price: $ _____ Listing Price: $ _____ Lowest Price: $ _____

Date Sold: _____　$ _____ – $ _____ – $ _____ – $ _____ = $ _____
　　　　　　　　　Sale Price　　Cost　　　　Fee(s)　　Discount(s)　　Profit

Notes: _____

_____

Inventory #

Brand & Description: _____

Date Sourced: _____ Location: _____ Cost: $ _____

Condition:　NWT　Pre-Owned　Category:　Women　Men　Kids

Tag Size: _____ Chest: _____ Length: _____ Sleeve: _____ Neck: _____

Waist: _____ Inseam: _____ Rise: _____ Other: _____

Material(s): _____ Style #: _____

Flaw(s): _____

Retail Price: $ _____ Listing Price: $ _____ Lowest Price: $ _____

Date Sold: _____　$ _____ – $ _____ – $ _____ – $ _____ = $ _____
　　　　　　　　　Sale Price　　Cost　　　　Fee(s)　　Discount(s)　　Profit

Notes: _____

_____

Inventory #

Brand & Description: _____

Date Sourced: _____ Location: _____ Cost: $ _____

Condition: NWT   Pre-Owned   Category: Women   Men   Kids

Tag Size: _____ Chest: _____ Length: _____ Sleeve: _____ Neck: _____

Waist: _____ Inseam: _____ Rise: _____ Other: _____

Material(s): _____ Style #: _____

Flaw(s): _____

Retail Price: $ _____ Listing Price: $ _____ Lowest Price: $ _____

Date Sold: _____ $ _____ – $ _____ – $ _____ – $ _____ = $ _____
                          Sale Price   Cost   Fee(s)   Discount(s)   Profit

Notes: _____

_____

Inventory #

Brand & Description: _____

Date Sourced: _____ Location: _____ Cost: $ _____

Condition: NWT   Pre-Owned   Category: Women   Men   Kids

Tag Size: _____ Chest: _____ Length: _____ Sleeve: _____ Neck: _____

Waist: _____ Inseam: _____ Rise: _____ Other: _____

Material(s): _____ Style #: _____

Flaw(s): _____

Retail Price: $ _____ Listing Price: $ _____ Lowest Price: $ _____

Date Sold: _____ $ _____ – $ _____ – $ _____ – $ _____ = $ _____
                          Sale Price   Cost   Fee(s)   Discount(s)   Profit

Notes: _____

_____

Inventory #

Brand & Description: _____

Date Sourced: _____ Location: _____ Cost: $ _____

Condition: NWT   Pre-Owned   Category: Women   Men   Kids

Tag Size: _____ Chest: _____ Length: _____ Sleeve: _____ Neck: _____

Waist: _____ Inseam: _____ Rise: _____ Other: _____

Material(s): _____ Style #: _____

Flaw(s): _____

Retail Price: $ _____ Listing Price: $ _____ Lowest Price: $ _____

Date Sold: _____ $ _____ – $ _____ – $ _____ – $ _____ = $ _____
                              Sale Price   Cost   Fee(s)   Discount(s)   Profit

Notes: _____
_____

Inventory #

Brand & Description: _____

Date Sourced: _____ Location: _____ Cost: $ _____

Condition: NWT   Pre-Owned   Category: Women   Men   Kids

Tag Size: _____ Chest: _____ Length: _____ Sleeve: _____ Neck: _____

Waist: _____ Inseam: _____ Rise: _____ Other: _____

Material(s): _____ Style #: _____

Flaw(s): _____

Retail Price: $ _____ Listing Price: $ _____ Lowest Price: $ _____

Date Sold: _____ $ _____ – $ _____ – $ _____ – $ _____ = $ _____
                              Sale Price   Cost   Fee(s)   Discount(s)   Profit

Notes: _____
_____

Inventory #

Brand & Description: _____

Date Sourced: _____ Location: _____ Cost: $ _____

Condition: NWT Pre-Owned Category: Women Men Kids

Tag Size: _____ Chest: _____ Length: _____ Sleeve: _____ Neck: _____

Waist: _____ Inseam: _____ Rise: _____ Other: _____

Material(s): _____ Style #: _____

Flaw(s): _____

Retail Price: $ _____ Listing Price: $ _____ Lowest Price: $ _____

Date Sold: _____ $ _____ – $ _____ – $ _____ – $ _____ = $ _____
                              Sale Price   Cost   Fee(s)   Discount(s)   Profit

Notes: _____
_____

Inventory #

Brand & Description: _____

Date Sourced: _____ Location: _____ Cost: $ _____

Condition: NWT Pre-Owned Category: Women Men Kids

Tag Size: _____ Chest: _____ Length: _____ Sleeve: _____ Neck: _____

Waist: _____ Inseam: _____ Rise: _____ Other: _____

Material(s): _____ Style #: _____

Flaw(s): _____

Retail Price: $ _____ Listing Price: $ _____ Lowest Price: $ _____

Date Sold: _____ $ _____ – $ _____ – $ _____ – $ _____ = $ _____
                              Sale Price   Cost   Fee(s)   Discount(s)   Profit

Notes: _____
_____

Inventory #

Brand & Description: _____

Date Sourced: _____ Location: _____ Cost: $ _____

Condition: NWT   Pre-Owned   Category: Women   Men   Kids

Tag Size: _____ Chest: _____ Length: _____ Sleeve: _____ Neck: _____

Waist: _____ Inseam: _____ Rise: _____ Other: _____

Material(s): _____ Style #: _____

Flaw(s): _____

Retail Price: $ _____ Listing Price: $ _____ Lowest Price: $ _____

Date Sold: _____ $ _____ – $ _____ – $ _____ – $ _____ = $ _____
                          Sale Price   Cost   Fee(s)   Discount(s)   Profit

Notes: _____

_____

Inventory #

Brand & Description: _____

Date Sourced: _____ Location: _____ Cost: $ _____

Condition: NWT   Pre-Owned   Category: Women   Men   Kids

Tag Size: _____ Chest: _____ Length: _____ Sleeve: _____ Neck: _____

Waist: _____ Inseam: _____ Rise: _____ Other: _____

Material(s): _____ Style #: _____

Flaw(s): _____

Retail Price: $ _____ Listing Price: $ _____ Lowest Price: $ _____

Date Sold: _____ $ _____ – $ _____ – $ _____ – $ _____ = $ _____
                          Sale Price   Cost   Fee(s)   Discount(s)   Profit

Notes: _____

_____

Inventory #

Brand & Description: _____

Date Sourced: _____ Location: _____ Cost: $ _____

Condition: NWT   Pre-Owned   Category: Women   Men   Kids

Tag Size: _____ Chest: _____ Length: _____ Sleeve: _____ Neck: _____

Waist: _____ Inseam: _____ Rise: _____ Other: _____

Material(s): _____ Style #: _____

Flaw(s): _____

Retail Price: $ _____ Listing Price: $ _____ Lowest Price: $ _____

Date Sold: _____ $ _____ – $ _____ – $ _____ – $ _____ = $ _____
                              Sale Price   Cost   Fee(s)   Discount(s)   Profit

Notes: _____

_____

Inventory #

Brand & Description: _____

Date Sourced: _____ Location: _____ Cost: $ _____

Condition: NWT   Pre-Owned   Category: Women   Men   Kids

Tag Size: _____ Chest: _____ Length: _____ Sleeve: _____ Neck: _____

Waist: _____ Inseam: _____ Rise: _____ Other: _____

Material(s): _____ Style #: _____

Flaw(s): _____

Retail Price: $ _____ Listing Price: $ _____ Lowest Price: $ _____

Date Sold: _____ $ _____ – $ _____ – $ _____ – $ _____ = $ _____
                              Sale Price   Cost   Fee(s)   Discount(s)   Profit

Notes: _____

_____

Inventory #

Brand & Description: _____

Date Sourced: _____ Location: _____ Cost: $ _____

Condition: NWT   Pre-Owned   Category: Women   Men   Kids

Tag Size: _____ Chest: _____ Length: _____ Sleeve: _____ Neck: _____

Waist: _____ Inseam: _____ Rise: _____ Other: _____

Material(s): _____ Style #: _____

Flaw(s): _____

Retail Price: $ _____ Listing Price: $ _____ Lowest Price: $ _____

Date Sold: _____ $ _____ – $ _____ – $ _____ – $ _____ = $ _____
                                    Sale Price   Cost   Fee(s)   Discount(s)   Profit

Notes: _____

Inventory #

Brand & Description: _____

Date Sourced: _____ Location: _____ Cost: $ _____

Condition: NWT   Pre-Owned   Category: Women   Men   Kids

Tag Size: _____ Chest: _____ Length: _____ Sleeve: _____ Neck: _____

Waist: _____ Inseam: _____ Rise: _____ Other: _____

Material(s): _____ Style #: _____

Flaw(s): _____

Retail Price: $ _____ Listing Price: $ _____ Lowest Price: $ _____

Date Sold: _____ $ _____ – $ _____ – $ _____ – $ _____ = $ _____
                                    Sale Price   Cost   Fee(s)   Discount(s)   Profit

Notes: _____

Inventory #

Brand & Description: _____

Date Sourced: _____ Location: _____ Cost: $ _____

Condition: NWT Pre-Owned Category: Women Men Kids

Tag Size: _____ Chest: _____ Length: _____ Sleeve: _____ Neck: _____

Waist: _____ Inseam: _____ Rise: _____ Other: _____

Material(s): _____ Style #: _____

Flaw(s): _____

Retail Price: $ _____ Listing Price: $ _____ Lowest Price: $ _____

Date Sold: _____ $ _____ – $ _____ – $ _____ – $ _____ = $ _____
                                       Sale Price   Cost   Fee(s)   Discount(s)   Profit

Notes: _____

_____

Inventory #

Brand & Description: _____

Date Sourced: _____ Location: _____ Cost: $ _____

Condition: NWT Pre-Owned Category: Women Men Kids

Tag Size: _____ Chest: _____ Length: _____ Sleeve: _____ Neck: _____

Waist: _____ Inseam: _____ Rise: _____ Other: _____

Material(s): _____ Style #: _____

Flaw(s): _____

Retail Price: $ _____ Listing Price: $ _____ Lowest Price: $ _____

Date Sold: _____ $ _____ – $ _____ – $ _____ – $ _____ = $ _____
                                       Sale Price   Cost   Fee(s)   Discount(s)   Profit

Notes: _____

_____

Inventory #

Brand & Description: _____

Date Sourced: _____ Location: _____ Cost: $ _____

Condition: NWT   Pre-Owned   Category: Women   Men   Kids

Tag Size: _____ Chest: _____ Length: _____ Sleeve: _____ Neck: _____

Waist: _____ Inseam: _____ Rise: _____ Other: _____

Material(s): _____ Style #: _____

Flaw(s): _____

Retail Price: $ _____ Listing Price: $ _____ Lowest Price: $ _____

Date Sold: _____ $ _____ – $ _____ – $ _____ – $ _____ = $ _____
                          Sale Price   Cost   Fee(s)   Discount(s)   Profit

Notes: _____
_____

Inventory #

Brand & Description: _____

Date Sourced: _____ Location: _____ Cost: $ _____

Condition: NWT   Pre-Owned   Category: Women   Men   Kids

Tag Size: _____ Chest: _____ Length: _____ Sleeve: _____ Neck: _____

Waist: _____ Inseam: _____ Rise: _____ Other: _____

Material(s): _____ Style #: _____

Flaw(s): _____

Retail Price: $ _____ Listing Price: $ _____ Lowest Price: $ _____

Date Sold: _____ $ _____ – $ _____ – $ _____ – $ _____ = $ _____
                          Sale Price   Cost   Fee(s)   Discount(s)   Profit

Notes: _____
_____

Inventory #

Brand & Description: _____

Date Sourced: _____ Location: _____ Cost: $ _____

Condition: NWT   Pre-Owned   Category: Women   Men   Kids

Tag Size: _____ Chest: _____ Length: _____ Sleeve: _____ Neck: _____

Waist: _____ Inseam: _____ Rise: _____ Other: _____

Material(s): _____ Style #: _____

Flaw(s): _____

Retail Price: $ _____ Listing Price: $ _____ Lowest Price: $ _____

Date Sold: _____ $ _____ – $ _____ – $ _____ – $ _____ = $ _____
                          Sale Price   Cost   Fee(s)   Discount(s)   Profit

Notes: _____

_____

Inventory #

Brand & Description: _____

Date Sourced: _____ Location: _____ Cost: $ _____

Condition: NWT   Pre-Owned   Category: Women   Men   Kids

Tag Size: _____ Chest: _____ Length: _____ Sleeve: _____ Neck: _____

Waist: _____ Inseam: _____ Rise: _____ Other: _____

Material(s): _____ Style #: _____

Flaw(s): _____

Retail Price: $ _____ Listing Price: $ _____ Lowest Price: $ _____

Date Sold: _____ $ _____ – $ _____ – $ _____ – $ _____ = $ _____
                          Sale Price   Cost   Fee(s)   Discount(s)   Profit

Notes: _____

_____

Inventory #

Brand & Description: _____

Date Sourced: _____ Location: _____ Cost: $ _____

Condition: NWT   Pre-Owned   Category: Women   Men   Kids

Tag Size: _____ Chest: _____ Length: _____ Sleeve: _____ Neck: _____

Waist: _____ Inseam: _____ Rise: _____ Other: _____

Material(s): _____ Style #: _____

Flaw(s): _____

Retail Price: $ _____ Listing Price: $ _____ Lowest Price: $ _____

Date Sold: _____ $ _____ – $ _____ – $ _____ – $ _____ = $ _____
                              Sale Price   Cost   Fee(s)   Discount(s)   Profit

Notes: _____
_____

Inventory #

Brand & Description: _____

Date Sourced: _____ Location: _____ Cost: $ _____

Condition: NWT   Pre-Owned   Category: Women   Men   Kids

Tag Size: _____ Chest: _____ Length: _____ Sleeve: _____ Neck: _____

Waist: _____ Inseam: _____ Rise: _____ Other: _____

Material(s): _____ Style #: _____

Flaw(s): _____

Retail Price: $ _____ Listing Price: $ _____ Lowest Price: $ _____

Date Sold: _____ $ _____ – $ _____ – $ _____ – $ _____ = $ _____
                              Sale Price   Cost   Fee(s)   Discount(s)   Profit

Notes: _____
_____

Inventory #

Brand & Description: _____

Date Sourced: _____ Location: _____ Cost: $ _____

Condition: NWT Pre-Owned **Category:** Women Men Kids

Tag Size: _____ Chest: _____ Length: _____ Sleeve: _____ Neck: _____

Waist: _____ Inseam: _____ Rise: _____ Other: _____

Material(s): _____ Style #: _____

Flaw(s): _____

Retail Price: $ _____ Listing Price: $ _____ Lowest Price: $ _____

Date Sold: _____ $ _____ – $ _____ – $ _____ – $ _____ = $ _____
             Sale Price   Cost   Fee(s)   Discount(s)   Profit

Notes: _____

_____

Inventory #

Brand & Description: _____

Date Sourced: _____ Location: _____ Cost: $ _____

Condition: NWT Pre-Owned **Category:** Women Men Kids

Tag Size: _____ Chest: _____ Length: _____ Sleeve: _____ Neck: _____

Waist: _____ Inseam: _____ Rise: _____ Other: _____

Material(s): _____ Style #: _____

Flaw(s): _____

Retail Price: $ _____ Listing Price: $ _____ Lowest Price: $ _____

Date Sold: _____ $ _____ – $ _____ – $ _____ – $ _____ = $ _____
             Sale Price   Cost   Fee(s)   Discount(s)   Profit

Notes: _____

_____

Inventory #

Brand & Description: _____

Date Sourced: _____ Location: _____ Cost: $ _____

Condition: NWT   Pre-Owned   Category: Women   Men   Kids

Tag Size: _____ Chest: _____ Length: _____ Sleeve: _____ Neck: _____

Waist: _____ Inseam: _____ Rise: _____ Other: _____

Material(s): _____ Style #: _____

Flaw(s): _____

Retail Price: $ _____ Listing Price: $ _____ Lowest Price: $ _____

Date Sold: _____ $ _____ – $ _____ – $ _____ – $ _____ = $ _____
                           Sale Price   Cost   Fee(s)   Discount(s)   Profit

Notes: _____

_____

Inventory #

Brand & Description: _____

Date Sourced: _____ Location: _____ Cost: $ _____

Condition: NWT   Pre-Owned   Category: Women   Men   Kids

Tag Size: _____ Chest: _____ Length: _____ Sleeve: _____ Neck: _____

Waist: _____ Inseam: _____ Rise: _____ Other: _____

Material(s): _____ Style #: _____

Flaw(s): _____

Retail Price: $ _____ Listing Price: $ _____ Lowest Price: $ _____

Date Sold: _____ $ _____ – $ _____ – $ _____ – $ _____ = $ _____
                           Sale Price   Cost   Fee(s)   Discount(s)   Profit

Notes: _____

_____

Inventory #

Brand & Description: _____

Date Sourced: _____ Location: _____ Cost: $ _____

Condition: NWT   Pre-Owned   Category: Women   Men   Kids

Tag Size: _____ Chest: _____ Length: _____ Sleeve: _____ Neck: _____

Waist: _____ Inseam: _____ Rise: _____ Other: _____

Material(s): _____ Style #: _____

Flaw(s): _____

Retail Price: $ _____ Listing Price: $ _____ Lowest Price: $ _____

Date Sold: _____ $ _____ – $ _____ – $ _____ – $ _____ = $ _____
                                Sale Price   Cost   Fee(s)   Discount(s)   Profit

Notes: _____

_____

Inventory #

Brand & Description: _____

Date Sourced: _____ Location: _____ Cost: $ _____

Condition: NWT   Pre-Owned   Category: Women   Men   Kids

Tag Size: _____ Chest: _____ Length: _____ Sleeve: _____ Neck: _____

Waist: _____ Inseam: _____ Rise: _____ Other: _____

Material(s): _____ Style #: _____

Flaw(s): _____

Retail Price: $ _____ Listing Price: $ _____ Lowest Price: $ _____

Date Sold: _____ $ _____ – $ _____ – $ _____ – $ _____ = $ _____
                                Sale Price   Cost   Fee(s)   Discount(s)   Profit

Notes: _____

_____

Inventory #

Brand & Description: _____

Date Sourced: _____ **Location:** _____ **Cost:** $ _____

Condition: NWT   Pre-Owned   **Category:** Women   Men   Kids

Tag Size: _____ **Chest:** _____ **Length:** _____ **Sleeve:** _____ **Neck:** _____

Waist: _____ **Inseam:** _____ **Rise:** _____ **Other:** _____

Material(s): _____ **Style #:** _____

Flaw(s): _____

Retail Price: $ _____ **Listing Price:** $ _____ **Lowest Price:** $ _____

Date Sold: _____ $ _____ – $ _____ – $ _____ – $ _____ = $ _____
                              Sale Price   Cost   Fee(s)   Discount(s)   Profit

Notes: _____

_____

Inventory #

Brand & Description: _____

Date Sourced: _____ **Location:** _____ **Cost:** $ _____

Condition: NWT   Pre-Owned   **Category:** Women   Men   Kids

Tag Size: _____ **Chest:** _____ **Length:** _____ **Sleeve:** _____ **Neck:** _____

Waist: _____ **Inseam:** _____ **Rise:** _____ **Other:** _____

Material(s): _____ **Style #:** _____

Flaw(s): _____

Retail Price: $ _____ **Listing Price:** $ _____ **Lowest Price:** $ _____

Date Sold: _____ $ _____ – $ _____ – $ _____ – $ _____ = $ _____
                              Sale Price   Cost   Fee(s)   Discount(s)   Profit

Notes: _____

_____

Inventory #

Brand & Description: _____

Date Sourced: _____ Location: _____ Cost: $ _____

Condition: NWT   Pre-Owned   Category: Women   Men   Kids

Tag Size: _____ Chest: _____ Length: _____ Sleeve: _____ Neck: _____

Waist: _____ Inseam: _____ Rise: _____ Other: _____

Material(s): _____ Style #: _____

Flaw(s): _____

Retail Price: $ _____ Listing Price: $ _____ Lowest Price: $ _____

Date Sold: _____ $ _____ – $ _____ – $ _____ – $ _____ = $ _____
                              Sale Price   Cost   Fee(s)   Discount(s)   Profit

Notes: _____
_____

Inventory #

Brand & Description: _____

Date Sourced: _____ Location: _____ Cost: $ _____

Condition: NWT   Pre-Owned   Category: Women   Men   Kids

Tag Size: _____ Chest: _____ Length: _____ Sleeve: _____ Neck: _____

Waist: _____ Inseam: _____ Rise: _____ Other: _____

Material(s): _____ Style #: _____

Flaw(s): _____

Retail Price: $ _____ Listing Price: $ _____ Lowest Price: $ _____

Date Sold: _____ $ _____ – $ _____ – $ _____ – $ _____ = $ _____
                              Sale Price   Cost   Fee(s)   Discount(s)   Profit

Notes: _____
_____

Inventory #

Brand & Description: _____

Date Sourced: _____ Location: _____ Cost: $ _____

Condition: NWT   Pre-Owned   Category: Women   Men   Kids

Tag Size: _____ Chest: _____ Length: _____ Sleeve: _____ Neck: _____

Waist: _____ Inseam: _____ Rise: _____ Other: _____

Material(s): _____ Style #: _____

Flaw(s): _____

Retail Price: $ _____ Listing Price: $ _____ Lowest Price: $ _____

Date Sold: _____ $ _____ – $ _____ – $ _____ – $ _____ = $ _____
                          Sale Price   Cost   Fee(s)   Discount(s)   Profit

Notes: _____

_____

Inventory #

Brand & Description: _____

Date Sourced: _____ Location: _____ Cost: $ _____

Condition: NWT   Pre-Owned   Category: Women   Men   Kids

Tag Size: _____ Chest: _____ Length: _____ Sleeve: _____ Neck: _____

Waist: _____ Inseam: _____ Rise: _____ Other: _____

Material(s): _____ Style #: _____

Flaw(s): _____

Retail Price: $ _____ Listing Price: $ _____ Lowest Price: $ _____

Date Sold: _____ $ _____ – $ _____ – $ _____ – $ _____ = $ _____
                          Sale Price   Cost   Fee(s)   Discount(s)   Profit

Notes: _____

_____

Inventory #

Brand & Description: _____

Date Sourced: _____ Location: _____ Cost: $ _____

Condition: NWT   Pre-Owned   **Category:** Women   Men   Kids

Tag Size: _____ Chest: _____ Length: _____ Sleeve: _____ Neck: _____

Waist: _____ Inseam: _____ Rise: _____ Other: _____

Material(s): _____ Style #: _____

Flaw(s): _____

Retail Price: $ _____ Listing Price: $ _____ Lowest Price: $ _____

Date Sold: _____ $ _____ – $ _____ – $ _____ – $ _____ = $ _____
                          Sale Price   Cost   Fee(s)   Discount(s)   Profit

Notes: _____

_____

Inventory #

Brand & Description: _____

Date Sourced: _____ Location: _____ Cost: $ _____

Condition: NWT   Pre-Owned   **Category:** Women   Men   Kids

Tag Size: _____ Chest: _____ Length: _____ Sleeve: _____ Neck: _____

Waist: _____ Inseam: _____ Rise: _____ Other: _____

Material(s): _____ Style #: _____

Flaw(s): _____

Retail Price: $ _____ Listing Price: $ _____ Lowest Price: $ _____

Date Sold: _____ $ _____ – $ _____ – $ _____ – $ _____ = $ _____
                          Sale Price   Cost   Fee(s)   Discount(s)   Profit

Notes: _____

_____

Inventory #

Brand & Description: _____

Date Sourced: _____ Location: _____ Cost: $_____

Condition: NWT   Pre-Owned   Category: Women   Men   Kids

Tag Size: _____ Chest: _____ Length: _____ Sleeve: _____ Neck: _____

Waist: _____ Inseam: _____ Rise: _____ Other: _____

Material(s): _____ Style #: _____

Flaw(s): _____

Retail Price: $_____ Listing Price: $_____ Lowest Price: $_____

Date Sold: _____ $_____ – $_____ – $_____ – $_____ = $_____
                          Sale Price   Cost   Fee(s)   Discount(s)   Profit

Notes: _____

_____

Inventory #

Brand & Description: _____

Date Sourced: _____ Location: _____ Cost: $_____

Condition: NWT   Pre-Owned   Category: Women   Men   Kids

Tag Size: _____ Chest: _____ Length: _____ Sleeve: _____ Neck: _____

Waist: _____ Inseam: _____ Rise: _____ Other: _____

Material(s): _____ Style #: _____

Flaw(s): _____

Retail Price: $_____ Listing Price: $_____ Lowest Price: $_____

Date Sold: _____ $_____ – $_____ – $_____ – $_____ = $_____
                          Sale Price   Cost   Fee(s)   Discount(s)   Profit

Notes: _____

_____

Inventory #

Brand & Description: _____

Date Sourced: _____ Location: _____ Cost: $ _____

Condition: NWT   Pre-Owned   Category: Women   Men   Kids

Tag Size: _____ Chest: _____ Length: _____ Sleeve: _____ Neck: _____

Waist: _____ Inseam: _____ Rise: _____ Other: _____

Material(s): _____ Style #: _____

Flaw(s): _____

Retail Price: $ _____ Listing Price: $ _____ Lowest Price: $ _____

Date Sold: _____ $ _____ – $ _____ – $ _____ – $ _____ = $ _____
                              Sale Price   Cost   Fee(s)   Discount(s)   Profit

Notes: _____

_____

Inventory #

Brand & Description: _____

Date Sourced: _____ Location: _____ Cost: $ _____

Condition: NWT   Pre-Owned   Category: Women   Men   Kids

Tag Size: _____ Chest: _____ Length: _____ Sleeve: _____ Neck: _____

Waist: _____ Inseam: _____ Rise: _____ Other: _____

Material(s): _____ Style #: _____

Flaw(s): _____

Retail Price: $ _____ Listing Price: $ _____ Lowest Price: $ _____

Date Sold: _____ $ _____ – $ _____ – $ _____ – $ _____ = $ _____
                              Sale Price   Cost   Fee(s)   Discount(s)   Profit

Notes: _____

_____

Inventory #

Brand & Description: _____

Date Sourced: _____ Location: _____ Cost: $ _____

Condition: NWT   Pre-Owned   Category: Women   Men   Kids

Tag Size: _____ Chest: _____ Length: _____ Sleeve: _____ Neck: _____

Waist: _____ Inseam: _____ Rise: _____ Other: _____

Material(s): _____ Style #: _____

Flaw(s): _____

Retail Price: $ _____ Listing Price: $ _____ Lowest Price: $ _____

Date Sold: _____ $ _____ – $ _____ – $ _____ – $ _____ = $ _____
                          Sale Price   Cost   Fee(s)   Discount(s)   Profit

Notes: _____

_____

Inventory #

Brand & Description: _____

Date Sourced: _____ Location: _____ Cost: $ _____

Condition: NWT   Pre-Owned   Category: Women   Men   Kids

Tag Size: _____ Chest: _____ Length: _____ Sleeve: _____ Neck: _____

Waist: _____ Inseam: _____ Rise: _____ Other: _____

Material(s): _____ Style #: _____

Flaw(s): _____

Retail Price: $ _____ Listing Price: $ _____ Lowest Price: $ _____

Date Sold: _____ $ _____ – $ _____ – $ _____ – $ _____ = $ _____
                          Sale Price   Cost   Fee(s)   Discount(s)   Profit

Notes: _____

_____

Inventory #

Brand & Description: _____

Date Sourced: _____ Location: _____ Cost: $ _____

Condition: NWT   Pre-Owned   **Category:**   Women   Men   Kids

Tag Size: _____ Chest: _____ Length: _____ Sleeve: _____ Neck: _____

Waist: _____ Inseam: _____ Rise: _____ Other: _____

Material(s): _____ Style #: _____

Flaw(s): _____

Retail Price: $ _____ Listing Price: $ _____ Lowest Price: $ _____

Date Sold: _____ $ _____ – $ _____ – $ _____ – $ _____ = $ _____
                                 Sale Price   Cost   Fee(s)   Discount(s)   Profit

Notes: _____

_____

Inventory #

Brand & Description: _____

Date Sourced: _____ Location: _____ Cost: $ _____

Condition: NWT   Pre-Owned   **Category:**   Women   Men   Kids

Tag Size: _____ Chest: _____ Length: _____ Sleeve: _____ Neck: _____

Waist: _____ Inseam: _____ Rise: _____ Other: _____

Material(s): _____ Style #: _____

Flaw(s): _____

Retail Price: $ _____ Listing Price: $ _____ Lowest Price: $ _____

Date Sold: _____ $ _____ – $ _____ – $ _____ – $ _____ = $ _____
                                 Sale Price   Cost   Fee(s)   Discount(s)   Profit

Notes: _____

_____

Inventory #

Brand & Description: _____

Date Sourced: _____ Location: _____ Cost: $ _____

Condition: NWT   Pre-Owned   Category: Women   Men   Kids

Tag Size: _____ Chest: _____ Length: _____ Sleeve: _____ Neck: _____

Waist: _____ Inseam: _____ Rise: _____ Other: _____

Material(s): _____ Style #: _____

Flaw(s): _____

Retail Price: $ _____ Listing Price: $ _____ Lowest Price: $ _____

Date Sold: _____ $ _____ − $ _____ − $ _____ − $ _____ = $ _____
                          Sale Price   Cost   Fee(s)   Discount(s)   Profit

Notes: _____
_____

Inventory #

Brand & Description: _____

Date Sourced: _____ Location: _____ Cost: $ _____

Condition: NWT   Pre-Owned   Category: Women   Men   Kids

Tag Size: _____ Chest: _____ Length: _____ Sleeve: _____ Neck: _____

Waist: _____ Inseam: _____ Rise: _____ Other: _____

Material(s): _____ Style #: _____

Flaw(s): _____

Retail Price: $ _____ Listing Price: $ _____ Lowest Price: $ _____

Date Sold: _____ $ _____ − $ _____ − $ _____ − $ _____ = $ _____
                          Sale Price   Cost   Fee(s)   Discount(s)   Profit

Notes: _____
_____

Inventory #

Brand & Description: _____

Date Sourced: _____ Location: _____ Cost: $ _____

Condition: NWT   Pre-Owned   Category: Women   Men   Kids

Tag Size: _____ Chest: _____ Length: _____ Sleeve: _____ Neck: _____

Waist: _____ Inseam: _____ Rise: _____ Other: _____

Material(s): _____ Style #: _____

Flaw(s): _____

Retail Price: $ _____ Listing Price: $ _____ Lowest Price: $ _____

Date Sold: _____ $ _____ – $ _____ – $ _____ – $ _____ = $ _____
                            Sale Price   Cost   Fee(s)   Discount(s)   Profit

Notes: _____

_____

Inventory #

Brand & Description: _____

Date Sourced: _____ Location: _____ Cost: $ _____

Condition: NWT   Pre-Owned   Category: Women   Men   Kids

Tag Size: _____ Chest: _____ Length: _____ Sleeve: _____ Neck: _____

Waist: _____ Inseam: _____ Rise: _____ Other: _____

Material(s): _____ Style #: _____

Flaw(s): _____

Retail Price: $ _____ Listing Price: $ _____ Lowest Price: $ _____

Date Sold: _____ $ _____ – $ _____ – $ _____ – $ _____ = $ _____
                            Sale Price   Cost   Fee(s)   Discount(s)   Profit

Notes: _____

_____

Inventory #

Brand & Description: _____

Date Sourced: _____ Location: _____ Cost: $ _____

Condition: NWT   Pre-Owned   Category: Women   Men   Kids

Tag Size: _____ Chest: _____ Length: _____ Sleeve: _____ Neck: _____

Waist: _____ Inseam: _____ Rise: _____ Other: _____

Material(s): _____ Style #: _____

Flaw(s): _____

Retail Price: $ _____ Listing Price: $ _____ Lowest Price: $ _____

Date Sold: _____ $ _____ – $ _____ – $ _____ – $ _____ = $ _____
                          Sale Price   Cost   Fee(s)   Discount(s)   Profit

Notes: _____

_____

Inventory #

Brand & Description: _____

Date Sourced: _____ Location: _____ Cost: $ _____

Condition: NWT   Pre-Owned   Category: Women   Men   Kids

Tag Size: _____ Chest: _____ Length: _____ Sleeve: _____ Neck: _____

Waist: _____ Inseam: _____ Rise: _____ Other: _____

Material(s): _____ Style #: _____

Flaw(s): _____

Retail Price: $ _____ Listing Price: $ _____ Lowest Price: $ _____

Date Sold: _____ $ _____ – $ _____ – $ _____ – $ _____ = $ _____
                          Sale Price   Cost   Fee(s)   Discount(s)   Profit

Notes: _____

_____

Inventory #

Brand & Description: _____

Date Sourced: _____ Location: _____ Cost: $ _____

Condition: NWT Pre-Owned Category: Women Men Kids

Tag Size: _____ Chest: _____ Length: _____ Sleeve: _____ Neck: _____

Waist: _____ Inseam: _____ Rise: _____ Other: _____

Material(s): _____ Style #: _____

Flaw(s): _____

Retail Price: $ _____ Listing Price: $ _____ Lowest Price: $ _____

Date Sold: _____ $ _____ – $ _____ – $ _____ – $ _____ = $ _____
                                     Sale Price   Cost   Fee(s)   Discount(s)   Profit

Notes: _____

_____

Inventory #

Brand & Description: _____

Date Sourced: _____ Location: _____ Cost: $ _____

Condition: NWT Pre-Owned Category: Women Men Kids

Tag Size: _____ Chest: _____ Length: _____ Sleeve: _____ Neck: _____

Waist: _____ Inseam: _____ Rise: _____ Other: _____

Material(s): _____ Style #: _____

Flaw(s): _____

Retail Price: $ _____ Listing Price: $ _____ Lowest Price: $ _____

Date Sold: _____ $ _____ – $ _____ – $ _____ – $ _____ = $ _____
                                       Sale Price   Cost   Fee(s)   Discount(s)   Profit

Notes: _____

_____

Inventory #

Brand & Description: _____

Date Sourced: _____ Location: _____ Cost: $ _____

Condition: NWT   Pre-Owned   Category: Women   Men   Kids

Tag Size: _____ Chest: _____ Length: _____ Sleeve: _____ Neck: _____

Waist: _____ Inseam: _____ Rise: _____ Other: _____

Material(s): _____ Style #: _____

Flaw(s): _____

Retail Price: $ _____ Listing Price: $ _____ Lowest Price: $ _____

Date Sold: _____ $ _____ – $ _____ – $ _____ – $ _____ = $ _____
                              Sale Price   Cost   Fee(s)   Discount(s)   Profit

Notes: _____

_____

Inventory #

Brand & Description: _____

Date Sourced: _____ Location: _____ Cost: $ _____

Condition: NWT   Pre-Owned   Category: Women   Men   Kids

Tag Size: _____ Chest: _____ Length: _____ Sleeve: _____ Neck: _____

Waist: _____ Inseam: _____ Rise: _____ Other: _____

Material(s): _____ Style #: _____

Flaw(s): _____

Retail Price: $ _____ Listing Price: $ _____ Lowest Price: $ _____

Date Sold: _____ $ _____ – $ _____ – $ _____ – $ _____ = $ _____
                              Sale Price   Cost   Fee(s)   Discount(s)   Profit

Notes: _____

_____

Inventory #

Brand & Description: _____

Date Sourced: _____ Location: _____ Cost: $ _____

Condition: NWT   Pre-Owned   Category: Women   Men   Kids

Tag Size: _____ Chest: _____ Length: _____ Sleeve: _____ Neck: _____

Waist: _____ Inseam: _____ Rise: _____ Other: _____

Material(s): _____ Style #: _____

Flaw(s): _____

Retail Price: $ _____ Listing Price: $ _____ Lowest Price: $ _____

Date Sold: _____ $ _____ – $ _____ – $ _____ – $ _____ = $ _____
                                   Sale Price   Cost   Fee(s)   Discount(s)   Profit

Notes: _____

_____

Inventory #

Brand & Description: _____

Date Sourced: _____ Location: _____ Cost: $ _____

Condition: NWT   Pre-Owned   Category: Women   Men   Kids

Tag Size: _____ Chest: _____ Length: _____ Sleeve: _____ Neck: _____

Waist: _____ Inseam: _____ Rise: _____ Other: _____

Material(s): _____ Style #: _____

Flaw(s): _____

Retail Price: $ _____ Listing Price: $ _____ Lowest Price: $ _____

Date Sold: _____ $ _____ – $ _____ – $ _____ – $ _____ = $ _____
                                   Sale Price   Cost   Fee(s)   Discount(s)   Profit

Notes: _____

_____

Inventory #

Brand & Description: _____

Date Sourced: _____ Location: _____ Cost: $_____

Condition: NWT   Pre-Owned   Category: Women   Men   Kids

Tag Size: _____ Chest: _____ Length: _____ Sleeve: _____ Neck: _____

Waist: _____ Inseam: _____ Rise: _____ Other: _____

Material(s): _____ Style #: _____

Flaw(s): _____

Retail Price: $_____ Listing Price: $_____ Lowest Price: $_____

Date Sold: _____ $_____ – $_____ – $_____ – $_____ = $_____
                            Sale Price   Cost   Fee(s)   Discount(s)   Profit

Notes: _____

_____

Inventory #

Brand & Description: _____

Date Sourced: _____ Location: _____ Cost: $_____

Condition: NWT   Pre-Owned   Category: Women   Men   Kids

Tag Size: _____ Chest: _____ Length: _____ Sleeve: _____ Neck: _____

Waist: _____ Inseam: _____ Rise: _____ Other: _____

Material(s): _____ Style #: _____

Flaw(s): _____

Retail Price: $_____ Listing Price: $_____ Lowest Price: $_____

Date Sold: _____ $_____ – $_____ – $_____ – $_____ = $_____
                            Sale Price   Cost   Fee(s)   Discount(s)   Profit

Notes: _____

_____

Inventory #

Brand & Description: _____

Date Sourced: _____ Location: _____ Cost: $ _____

Condition: NWT   Pre-Owned   **Category:**   Women   Men   Kids

Tag Size: _____ Chest: _____ Length: _____ Sleeve: _____ Neck: _____

Waist: _____ Inseam: _____ Rise: _____ Other: _____

Material(s): _____ Style #: _____

Flaw(s): _____

Retail Price: $ _____ Listing Price: $ _____ Lowest Price: $ _____

Date Sold: _____ $ _____ − $ _____ − $ _____ − $ _____ = $ _____
                          Sale Price   Cost   Fee(s)   Discount(s)   Profit

Notes: _____

_____

Inventory #

Brand & Description: _____

Date Sourced: _____ Location: _____ Cost: $ _____

Condition: NWT   Pre-Owned   **Category:**   Women   Men   Kids

Tag Size: _____ Chest: _____ Length: _____ Sleeve: _____ Neck: _____

Waist: _____ Inseam: _____ Rise: _____ Other: _____

Material(s): _____ Style #: _____

Flaw(s): _____

Retail Price: $ _____ Listing Price: $ _____ Lowest Price: $ _____

Date Sold: _____ $ _____ − $ _____ − $ _____ − $ _____ = $ _____
                          Sale Price   Cost   Fee(s)   Discount(s)   Profit

Notes: _____

_____

Inventory #

Brand & Description: _____

Date Sourced: _____ Location: _____ Cost: $ _____

Condition: NWT   Pre-Owned   **Category:**   Women   Men   Kids

Tag Size: _____ Chest: _____ Length: _____ Sleeve: _____ Neck: _____

Waist: _____ Inseam: _____ Rise: _____ Other: _____

Material(s): _____ Style #: _____

Flaw(s): _____

Retail Price: $ _____ Listing Price: $ _____ Lowest Price: $ _____

Date Sold: _____ $ _____ – $ _____ – $ _____ – $ _____ = $ _____
                              Sale Price   Cost   Fee(s)   Discount(s)   Profit

Notes: _____

_____

Inventory #

Brand & Description: _____

Date Sourced: _____ Location: _____ Cost: $ _____

Condition: NWT   Pre-Owned   **Category:**   Women   Men   Kids

Tag Size: _____ Chest: _____ Length: _____ Sleeve: _____ Neck: _____

Waist: _____ Inseam: _____ Rise: _____ Other: _____

Material(s): _____ Style #: _____

Flaw(s): _____

Retail Price: $ _____ Listing Price: $ _____ Lowest Price: $ _____

Date Sold: _____ $ _____ – $ _____ – $ _____ – $ _____ = $ _____
                              Sale Price   Cost   Fee(s)   Discount(s)   Profit

Notes: _____

_____

Inventory #

Brand & Description: _____

Date Sourced: _____ Location: _____ Cost: $ _____

Condition: NWT   Pre-Owned   Category: Women   Men   Kids

Tag Size: _____ Chest: _____ Length: _____ Sleeve: _____ Neck: _____

Waist: _____ Inseam: _____ Rise: _____ Other: _____

Material(s): _____ Style #: _____

Flaw(s): _____

Retail Price: $ _____ Listing Price: $ _____ Lowest Price: $ _____

Date Sold: _____ $ _____ – $ _____ – $ _____ – $ _____ = $ _____
                            Sale Price   Cost   Fee(s)   Discount(s)   Profit

Notes: _____

_____

Inventory #

Brand & Description: _____

Date Sourced: _____ Location: _____ Cost: $ _____

Condition: NWT   Pre-Owned   Category: Women   Men   Kids

Tag Size: _____ Chest: _____ Length: _____ Sleeve: _____ Neck: _____

Waist: _____ Inseam: _____ Rise: _____ Other: _____

Material(s): _____ Style #: _____

Flaw(s): _____

Retail Price: $ _____ Listing Price: $ _____ Lowest Price: $ _____

Date Sold: _____ $ _____ – $ _____ – $ _____ – $ _____ = $ _____
                            Sale Price   Cost   Fee(s)   Discount(s)   Profit

Notes: _____

_____

Inventory #

Brand & Description: _____

Date Sourced: _____ Location: _____ Cost: $ _____

Condition: NWT   Pre-Owned   Category: Women   Men   Kids

Tag Size: _____ Chest: _____ Length: _____ Sleeve: _____ Neck: _____

Waist: _____ Inseam: _____ Rise: _____ Other: _____

Material(s): _____ Style #: _____

Flaw(s): _____

Retail Price: $ _____ Listing Price: $ _____ Lowest Price: $ _____

Date Sold: _____ $ _____ – $ _____ – $ _____ – $ _____ = $ _____
                             Sale Price   Cost   Fee(s)   Discount(s)   Profit

Notes: _____

_____

Inventory #

Brand & Description: _____

Date Sourced: _____ Location: _____ Cost: $ _____

Condition: NWT   Pre-Owned   Category: Women   Men   Kids

Tag Size: _____ Chest: _____ Length: _____ Sleeve: _____ Neck: _____

Waist: _____ Inseam: _____ Rise: _____ Other: _____

Material(s): _____ Style #: _____

Flaw(s): _____

Retail Price: $ _____ Listing Price: $ _____ Lowest Price: $ _____

Date Sold: _____ $ _____ – $ _____ – $ _____ – $ _____ = $ _____
                             Sale Price   Cost   Fee(s)   Discount(s)   Profit

Notes: _____

_____

Inventory #

Brand & Description: _____

Date Sourced: _____ Location: _____ Cost: $ _____

Condition: NWT Pre-Owned Category: Women Men Kids

Tag Size: _____ Chest: _____ Length: _____ Sleeve: _____ Neck: _____

Waist: _____ Inseam: _____ Rise: _____ Other: _____

Material(s): _____ Style #: _____

Flaw(s): _____

Retail Price: $ _____ Listing Price: $ _____ Lowest Price: $ _____

Date Sold: _____ $ _____ – $ _____ – $ _____ – $ _____ = $ _____
                            Sale Price   Cost   Fee(s)   Discount(s)   Profit

Notes: _____

Inventory #

Brand & Description: _____

Date Sourced: _____ Location: _____ Cost: $ _____

Condition: NWT Pre-Owned Category: Women Men Kids

Tag Size: _____ Chest: _____ Length: _____ Sleeve: _____ Neck: _____

Waist: _____ Inseam: _____ Rise: _____ Other: _____

Material(s): _____ Style #: _____

Flaw(s): _____

Retail Price: $ _____ Listing Price: $ _____ Lowest Price: $ _____

Date Sold: _____ $ _____ – $ _____ – $ _____ – $ _____ = $ _____
                            Sale Price   Cost   Fee(s)   Discount(s)   Profit

Notes: _____

Inventory #

Brand & Description: _____

Date Sourced: _____ Location: _____ Cost: $ _____

Condition: NWT   Pre-Owned   Category: Women   Men   Kids

Tag Size: _____ Chest: _____ Length: _____ Sleeve: _____ Neck: _____

Waist: _____ Inseam: _____ Rise: _____ Other: _____

Material(s): _____ Style #: _____

Flaw(s): _____

Retail Price: $ _____ Listing Price: $ _____ Lowest Price: $ _____

Date Sold: _____ $ _____ – $ _____ – $ _____ – $ _____ = $ _____
                              Sale Price   Cost   Fee(s)   Discount(s)   Profit

Notes: _____
_____

Inventory #

Brand & Description: _____

Date Sourced: _____ Location: _____ Cost: $ _____

Condition: NWT   Pre-Owned   Category: Women   Men   Kids

Tag Size: _____ Chest: _____ Length: _____ Sleeve: _____ Neck: _____

Waist: _____ Inseam: _____ Rise: _____ Other: _____

Material(s): _____ Style #: _____

Flaw(s): _____

Retail Price: $ _____ Listing Price: $ _____ Lowest Price: $ _____

Date Sold: _____ $ _____ – $ _____ – $ _____ – $ _____ = $ _____
                              Sale Price   Cost   Fee(s)   Discount(s)   Profit

Notes: _____
_____

Inventory #

Brand & Description: _____

Date Sourced: _____ Location: _____ Cost: $ _____

Condition: NWT   Pre-Owned   Category: Women   Men   Kids

Tag Size: _____ Chest: _____ Length: _____ Sleeve: _____ Neck: _____

Waist: _____ Inseam: _____ Rise: _____ Other: _____

Material(s): _____ Style #: _____

Flaw(s): _____

Retail Price: $ _____ Listing Price: $ _____ Lowest Price: $ _____

Date Sold: _____ $ _____ – $ _____ – $ _____ – $ _____ = $ _____
                              Sale Price   Cost   Fee(s)   Discount(s)   Profit

Notes: _____

_____

Inventory #

Brand & Description: _____

Date Sourced: _____ Location: _____ Cost: $ _____

Condition: NWT   Pre-Owned   Category: Women   Men   Kids

Tag Size: _____ Chest: _____ Length: _____ Sleeve: _____ Neck: _____

Waist: _____ Inseam: _____ Rise: _____ Other: _____

Material(s): _____ Style #: _____

Flaw(s): _____

Retail Price: $ _____ Listing Price: $ _____ Lowest Price: $ _____

Date Sold: _____ $ _____ – $ _____ – $ _____ – $ _____ = $ _____
                              Sale Price   Cost   Fee(s)   Discount(s)   Profit

Notes: _____

_____

Inventory #

Brand & Description: _____

Date Sourced: _____ Location: _____ Cost: $ _____

Condition: NWT   Pre-Owned   Category: Women   Men   Kids

Tag Size: _____ Chest: _____ Length: _____ Sleeve: _____ Neck: _____

Waist: _____ Inseam: _____ Rise: _____ Other: _____

Material(s): _____ Style #: _____

Flaw(s): _____

Retail Price: $ _____ Listing Price: $ _____ Lowest Price: $ _____

Date Sold: _____ $ _____ – $ _____ – $ _____ – $ _____ = $ _____
                              Sale Price   Cost   Fee(s)   Discount(s)   Profit

Notes: _____

_____

Inventory #

Brand & Description: _____

Date Sourced: _____ Location: _____ Cost: $ _____

Condition: NWT   Pre-Owned   Category: Women   Men   Kids

Tag Size: _____ Chest: _____ Length: _____ Sleeve: _____ Neck: _____

Waist: _____ Inseam: _____ Rise: _____ Other: _____

Material(s): _____ Style #: _____

Flaw(s): _____

Retail Price: $ _____ Listing Price: $ _____ Lowest Price: $ _____

Date Sold: _____ $ _____ – $ _____ – $ _____ – $ _____ = $ _____
                              Sale Price   Cost   Fee(s)   Discount(s)   Profit

Notes: _____

_____

Inventory #

Brand & Description: _____

Date Sourced: _____ Location: _____ Cost: $ _____

Condition: NWT   Pre-Owned   Category: Women   Men   Kids

Tag Size: _____ Chest: _____ Length: _____ Sleeve: _____ Neck: _____

Waist: _____ Inseam: _____ Rise: _____ Other: _____

Material(s): _____ Style #: _____

Flaw(s): _____

Retail Price: $ _____ Listing Price: $ _____ Lowest Price: $ _____

Date Sold: _____ $ _____ − $ _____ − $ _____ − $ _____ = $ _____
                              Sale Price   Cost   Fee(s)   Discount(s)   Profit

Notes: _____

Inventory #

Brand & Description: _____

Date Sourced: _____ Location: _____ Cost: $ _____

Condition: NWT   Pre-Owned   Category: Women   Men   Kids

Tag Size: _____ Chest: _____ Length: _____ Sleeve: _____ Neck: _____

Waist: _____ Inseam: _____ Rise: _____ Other: _____

Material(s): _____ Style #: _____

Flaw(s): _____

Retail Price: $ _____ Listing Price: $ _____ Lowest Price: $ _____

Date Sold: _____ $ _____ − $ _____ − $ _____ − $ _____ = $ _____
                              Sale Price   Cost   Fee(s)   Discount(s)   Profit

Notes: _____

Inventory #

Brand & Description: _____

Date Sourced: _____ Location: _____ Cost: $ _____

Condition: NWT   Pre-Owned   Category: Women   Men   Kids

Tag Size: _____ Chest: _____ Length: _____ Sleeve: _____ Neck: _____

Waist: _____ Inseam: _____ Rise: _____ Other: _____

Material(s): _____ Style #: _____

Flaw(s): _____

Retail Price: $ _____ Listing Price: $ _____ Lowest Price: $ _____

Date Sold: _____ $ _____ – $ _____ – $ _____ – $ _____ = $ _____
                              Sale Price   Cost   Fee(s)   Discount(s)   Profit

Notes: _____

_____

Inventory #

Brand & Description: _____

Date Sourced: _____ Location: _____ Cost: $ _____

Condition: NWT   Pre-Owned   Category: Women   Men   Kids

Tag Size: _____ Chest: _____ Length: _____ Sleeve: _____ Neck: _____

Waist: _____ Inseam: _____ Rise: _____ Other: _____

Material(s): _____ Style #: _____

Flaw(s): _____

Retail Price: $ _____ Listing Price: $ _____ Lowest Price: $ _____

Date Sold: _____ $ _____ – $ _____ – $ _____ – $ _____ = $ _____
                              Sale Price   Cost   Fee(s)   Discount(s)   Profit

Notes: _____

_____

Inventory #

Brand & Description: _____

Date Sourced: _____ Location: _____ Cost: $_____

Condition: NWT   Pre-Owned   Category: Women   Men   Kids

Tag Size: _____ Chest: _____ Length: _____ Sleeve: _____ Neck: _____

Waist: _____ Inseam: _____ Rise: _____ Other: _____

Material(s): _____ Style #: _____

Flaw(s): _____

Retail Price: $_____ Listing Price: $_____ Lowest Price: $_____

Date Sold: _____ $_____ – $_____ – $_____ – $_____ = $_____
            Sale Price   Cost   Fee(s)   Discount(s)   Profit

Notes: _____

_____

Inventory #

Brand & Description: _____

Date Sourced: _____ Location: _____ Cost: $_____

Condition: NWT   Pre-Owned   Category: Women   Men   Kids

Tag Size: _____ Chest: _____ Length: _____ Sleeve: _____ Neck: _____

Waist: _____ Inseam: _____ Rise: _____ Other: _____

Material(s): _____ Style #: _____

Flaw(s): _____

Retail Price: $_____ Listing Price: $_____ Lowest Price: $_____

Date Sold: _____ $_____ – $_____ – $_____ – $_____ = $_____
            Sale Price   Cost   Fee(s)   Discount(s)   Profit

Notes: _____

Inventory #

Brand & Description: _____

Date Sourced: _____ Location: _____ Cost: $ _____

Condition: NWT   Pre-Owned   Category: Women   Men   Kids

Tag Size: _____ Chest: _____ Length: _____ Sleeve: _____ Neck: _____

Waist: _____ Inseam: _____ Rise: _____ Other: _____

Material(s): _____ Style #: _____

Flaw(s): _____

Retail Price: $ _____ Listing Price: $ _____ Lowest Price: $ _____

Date Sold: _____ $ _____ – $ _____ – $ _____ – $ _____ = $ _____
                            Sale Price   Cost   Fee(s)   Discount(s)   Profit

Notes: _____

_____

Inventory #

Brand & Description: _____

Date Sourced: _____ Location: _____ Cost: $ _____

Condition: NWT   Pre-Owned   Category: Women   Men   Kids

Tag Size: _____ Chest: _____ Length: _____ Sleeve: _____ Neck: _____

Waist: _____ Inseam: _____ Rise: _____ Other: _____

Material(s): _____ Style #: _____

Flaw(s): _____

Retail Price: $ _____ Listing Price: $ _____ Lowest Price: $ _____

Date Sold: _____ $ _____ – $ _____ – $ _____ – $ _____ = $ _____
                            Sale Price   Cost   Fee(s)   Discount(s)   Profit

Notes: _____

_____

Inventory #

Brand & Description: _____

Date Sourced: _____ Location: _____ Cost: $ _____

Condition: NWT   Pre-Owned   **Category:**   Women   Men   Kids

Tag Size: _____ Chest: _____ Length: _____ Sleeve: _____ Neck: _____

Waist: _____ Inseam: _____ Rise: _____ Other: _____

Material(s): _____ Style #: _____

Flaw(s): _____

Retail Price: $ _____ Listing Price: $ _____ Lowest Price: $ _____

Date Sold: _____ $ _____ – $ _____ – $ _____ – $ _____ = $ _____
                              Sale Price   Cost   Fee(s)   Discount(s)   Profit

Notes: _____

_____

Inventory #

Brand & Description: _____

Date Sourced: _____ Location: _____ Cost: $ _____

Condition: NWT   Pre-Owned   **Category:**   Women   Men   Kids

Tag Size: _____ Chest: _____ Length: _____ Sleeve: _____ Neck: _____

Waist: _____ Inseam: _____ Rise: _____ Other: _____

Material(s): _____ Style #: _____

Flaw(s): _____

Retail Price: $ _____ Listing Price: $ _____ Lowest Price: $ _____

Date Sold: _____ $ _____ – $ _____ – $ _____ – $ _____ = $ _____
                              Sale Price   Cost   Fee(s)   Discount(s)   Profit

Notes: _____

_____

Inventory #

Brand & Description: _____

Date Sourced: _____ Location: _____ Cost: $ _____

Condition: NWT   Pre-Owned   Category: Women   Men   Kids

Tag Size: _____ Chest: _____ Length: _____ Sleeve: _____ Neck: _____

Waist: _____ Inseam: _____ Rise: _____ Other: _____

Material(s): _____ Style #: _____

Flaw(s): _____

Retail Price: $ _____ Listing Price: $ _____ Lowest Price: $ _____

Date Sold: _____ $ _____ – $ _____ – $ _____ – $ _____ = $ _____
                            Sale Price   Cost   Fee(s)   Discount(s)   Profit

Notes: _____

_____

Inventory #

Brand & Description: _____

Date Sourced: _____ Location: _____ Cost: $ _____

Condition: NWT   Pre-Owned   Category: Women   Men   Kids

Tag Size: _____ Chest: _____ Length: _____ Sleeve: _____ Neck: _____

Waist: _____ Inseam: _____ Rise: _____ Other: _____

Material(s): _____ Style #: _____

Flaw(s): _____

Retail Price: $ _____ Listing Price: $ _____ Lowest Price: $ _____

Date Sold: _____ $ _____ – $ _____ – $ _____ – $ _____ = $ _____
                            Sale Price   Cost   Fee(s)   Discount(s)   Profit

Notes: _____

_____

Inventory #

Brand & Description: _____

Date Sourced: _____ Location: _____ Cost: $ _____

Condition: NWT   Pre-Owned   Category: Women   Men   Kids

Tag Size: _____ Chest: _____ Length: _____ Sleeve: _____ Neck: _____

Waist: _____ Inseam: _____ Rise: _____ Other: _____

Material(s): _____ Style #: _____

Flaw(s): _____

Retail Price: $ _____ Listing Price: $ _____ Lowest Price: $ _____

Date Sold: _____ $ _____ – $ _____ – $ _____ – $ _____ = $ _____
                             Sale Price   Cost   Fee(s)   Discount(s)   Profit

Notes: _____

_____

Inventory #

Brand & Description: _____

Date Sourced: _____ Location: _____ Cost: $ _____

Condition: NWT   Pre-Owned   Category: Women   Men   Kids

Tag Size: _____ Chest: _____ Length: _____ Sleeve: _____ Neck: _____

Waist: _____ Inseam: _____ Rise: _____ Other: _____

Material(s): _____ Style #: _____

Flaw(s): _____

Retail Price: $ _____ Listing Price: $ _____ Lowest Price: $ _____

Date Sold: _____ $ _____ – $ _____ – $ _____ – $ _____ = $ _____
                             Sale Price   Cost   Fee(s)   Discount(s)   Profit

Notes: _____

_____

Inventory #

Brand & Description: _____

Date Sourced: _____ Location: _____ Cost: $_____

Condition: NWT   Pre-Owned   Category: Women   Men   Kids

Tag Size: _____ Chest: _____ Length: _____ Sleeve: _____ Neck: _____

Waist: _____ Inseam: _____ Rise: _____ Other: _____

Material(s): _____ Style #: _____

Flaw(s): _____

Retail Price: $_____ Listing Price: $_____ Lowest Price: $_____

Date Sold: _____ $_____ – $_____ – $_____ – $_____ = $_____
                            Sale Price   Cost   Fee(s)   Discount(s)   Profit

Notes: _____

_____

Inventory #

Brand & Description: _____

Date Sourced: _____ Location: _____ Cost: $_____

Condition: NWT   Pre-Owned   Category: Women   Men   Kids

Tag Size: _____ Chest: _____ Length: _____ Sleeve: _____ Neck: _____

Waist: _____ Inseam: _____ Rise: _____ Other: _____

Material(s): _____ Style #: _____

Flaw(s): _____

Retail Price: $_____ Listing Price: $_____ Lowest Price: $_____

Date Sold: _____ $_____ – $_____ – $_____ – $_____ = $_____
                            Sale Price   Cost   Fee(s)   Discount(s)   Profit

Notes: _____

_____

Inventory #

Brand & Description: _____

Date Sourced: _____ Location: _____ Cost: $ _____

Condition: NWT Pre-Owned Category: Women Men Kids

Tag Size: _____ Chest: _____ Length: _____ Sleeve: _____ Neck: _____

Waist: _____ Inseam: _____ Rise: _____ Other: _____

Material(s): _____ Style #: _____

Flaw(s): _____

Retail Price: $ _____ Listing Price: $ _____ Lowest Price: $ _____

Date Sold: _____ $ _____ − $ _____ − $ _____ − $ _____ = $ _____
                           Sale Price   Cost   Fee(s)   Discount(s)   Profit

Notes: _____

_____

Inventory #

Brand & Description: _____

Date Sourced: _____ Location: _____ Cost: $ _____

Condition: NWT Pre-Owned Category: Women Men Kids

Tag Size: _____ Chest: _____ Length: _____ Sleeve: _____ Neck: _____

Waist: _____ Inseam: _____ Rise: _____ Other: _____

Material(s): _____ Style #: _____

Flaw(s): _____

Retail Price: $ _____ Listing Price: $ _____ Lowest Price: $ _____

Date Sold: _____ $ _____ − $ _____ − $ _____ − $ _____ = $ _____
                           Sale Price   Cost   Fee(s)   Discount(s)   Profit

Notes: _____

_____

Inventory #

Brand & Description: _____

Date Sourced: _____ Location: _____ Cost: $ _____

Condition: NWT   Pre-Owned   Category: Women   Men   Kids

Tag Size: _____ Chest: _____ Length: _____ Sleeve: _____ Neck: _____

Waist: _____ Inseam: _____ Rise: _____ Other: _____

Material(s): _____ Style #: _____

Flaw(s): _____

Retail Price: $ _____ Listing Price: $ _____ Lowest Price: $ _____

Date Sold: _____ $ _____ – $ _____ – $ _____ – $ _____ = $ _____
                              Sale Price   Cost   Fee(s)   Discount(s)   Profit

Notes: _____

_____

Inventory #

Brand & Description: _____

Date Sourced: _____ Location: _____ Cost: $ _____

Condition: NWT   Pre-Owned   Category: Women   Men   Kids

Tag Size: _____ Chest: _____ Length: _____ Sleeve: _____ Neck: _____

Waist: _____ Inseam: _____ Rise: _____ Other: _____

Material(s): _____ Style #: _____

Flaw(s): _____

Retail Price: $ _____ Listing Price: $ _____ Lowest Price: $ _____

Date Sold: _____ $ _____ – $ _____ – $ _____ – $ _____ = $ _____
                              Sale Price   Cost   Fee(s)   Discount(s)   Profit

Notes: _____

_____

Inventory #

Brand & Description: _____

Date Sourced: _____ Location: _____ Cost: $ _____

Condition: NWT   Pre-Owned   Category: Women   Men   Kids

Tag Size: _____ Chest: _____ Length: _____ Sleeve: _____ Neck: _____

Waist: _____ Inseam: _____ Rise: _____ Other: _____

Material(s): _____ Style #: _____

Flaw(s): _____

Retail Price: $ _____ Listing Price: $ _____ Lowest Price: $ _____

Date Sold: _____ $ _____ – $ _____ – $ _____ – $ _____ = $ _____
　　　　　　　　　　　　　　 Sale Price 　　 Cost 　　　 Fee(s) 　　 Discount(s) 　　 Profit

Notes: _____

_____

Inventory #

Brand & Description: _____

Date Sourced: _____ Location: _____ Cost: $ _____

Condition: NWT   Pre-Owned   Category: Women   Men   Kids

Tag Size: _____ Chest: _____ Length: _____ Sleeve: _____ Neck: _____

Waist: _____ Inseam: _____ Rise: _____ Other: _____

Material(s): _____ Style #: _____

Flaw(s): _____

Retail Price: $ _____ Listing Price: $ _____ Lowest Price: $ _____

Date Sold: _____ $ _____ – $ _____ – $ _____ – $ _____ = $ _____
　　　　　　　　　　　　　　 Sale Price 　　 Cost 　　　 Fee(s) 　　 Discount(s) 　　 Profit

Notes: _____

_____

Inventory #

Brand & Description: _____

Date Sourced: _____ Location: _____ Cost: $ _____

Condition: NWT   Pre-Owned   Category: Women   Men   Kids

Tag Size: _____ Chest: _____ Length: _____ Sleeve: _____ Neck: _____

Waist: _____ Inseam: _____ Rise: _____ Other: _____

Material(s): _____ Style #: _____

Flaw(s): _____

Retail Price: $ _____ Listing Price: $ _____ Lowest Price: $ _____

Date Sold: _____ $ _____ – $ _____ – $ _____ – $ _____ = $ _____
                              Sale Price   Cost   Fee(s)   Discount(s)   Profit

Notes: _____

_____

Inventory #

Brand & Description: _____

Date Sourced: _____ Location: _____ Cost: $ _____

Condition: NWT   Pre-Owned   Category: Women   Men   Kids

Tag Size: _____ Chest: _____ Length: _____ Sleeve: _____ Neck: _____

Waist: _____ Inseam: _____ Rise: _____ Other: _____

Material(s): _____ Style #: _____

Flaw(s): _____

Retail Price: $ _____ Listing Price: $ _____ Lowest Price: $ _____

Date Sold: _____ $ _____ – $ _____ – $ _____ – $ _____ = $ _____
                              Sale Price   Cost   Fee(s)   Discount(s)   Profit

Notes: _____

_____

Inventory #

Brand & Description: _____

Date Sourced: _____ Location: _____ Cost: $ _____

Condition: NWT   Pre-Owned   Category: Women   Men   Kids

Tag Size: _____ Chest: _____ Length: _____ Sleeve: _____ Neck: _____

Waist: _____ Inseam: _____ Rise: _____ Other: _____

Material(s): _____ Style #: _____

Flaw(s): _____

Retail Price: $ _____ Listing Price: $ _____ Lowest Price: $ _____

Date Sold: _____ $ _____ – $ _____ – $ _____ – $ _____ = $ _____
                              Sale Price   Cost   Fee(s)   Discount(s)   Profit

Notes: _____

_____

Inventory #

Brand & Description: _____

Date Sourced: _____ Location: _____ Cost: $ _____

Condition: NWT   Pre-Owned   Category: Women   Men   Kids

Tag Size: _____ Chest: _____ Length: _____ Sleeve: _____ Neck: _____

Waist: _____ Inseam: _____ Rise: _____ Other: _____

Material(s): _____ Style #: _____

Flaw(s): _____

Retail Price: $ _____ Listing Price: $ _____ Lowest Price: $ _____

Date Sold: _____ $ _____ – $ _____ – $ _____ – $ _____ = $ _____
                              Sale Price   Cost   Fee(s)   Discount(s)   Profit

Notes: _____

_____

Inventory #

Brand & Description: _____

Date Sourced: _____ Location: _____ Cost: $ _____

Condition: NWT   Pre-Owned   Category: Women   Men   Kids

Tag Size: _____ Chest: _____ Length: _____ Sleeve: _____ Neck: _____

Waist: _____ Inseam: _____ Rise: _____ Other: _____

Material(s): _____ Style #: _____

Flaw(s): _____

Retail Price: $ _____ Listing Price: $ _____ Lowest Price: $ _____

Date Sold: _____ $ _____ – $ _____ – $ _____ – $ _____ = $ _____
                                Sale Price   Cost   Fee(s)   Discount(s)   Profit

Notes: _____

_____

Inventory #

Brand & Description: _____

Date Sourced: _____ Location: _____ Cost: $ _____

Condition: NWT   Pre-Owned   Category: Women   Men   Kids

Tag Size: _____ Chest: _____ Length: _____ Sleeve: _____ Neck: _____

Waist: _____ Inseam: _____ Rise: _____ Other: _____

Material(s): _____ Style #: _____

Flaw(s): _____

Retail Price: $ _____ Listing Price: $ _____ Lowest Price: $ _____

Date Sold: _____ $ _____ – $ _____ – $ _____ – $ _____ = $ _____
                                Sale Price   Cost   Fee(s)   Discount(s)   Profit

Notes: _____

_____

Inventory #

Brand & Description: _____

Date Sourced: _____ Location: _____ Cost: $ _____

Condition: NWT   Pre-Owned   Category: Women   Men   Kids

Tag Size: _____ Chest: _____ Length: _____ Sleeve: _____ Neck: _____

Waist: _____ Inseam: _____ Rise: _____ Other: _____

Material(s): _____ Style #: _____

Flaw(s): _____

Retail Price: $ _____ Listing Price: $ _____ Lowest Price: $ _____

Date Sold: _____ $ _____ – $ _____ – $ _____ – $ _____ = $ _____
                            Sale Price   Cost   Fee(s)   Discount(s)   Profit

Notes: _____

_____

Inventory #

Brand & Description: _____

Date Sourced: _____ Location: _____ Cost: $ _____

Condition: NWT   Pre-Owned   Category: Women   Men   Kids

Tag Size: _____ Chest: _____ Length: _____ Sleeve: _____ Neck: _____

Waist: _____ Inseam: _____ Rise: _____ Other: _____

Material(s): _____ Style #: _____

Flaw(s): _____

Retail Price: $ _____ Listing Price: $ _____ Lowest Price: $ _____

Date Sold: _____ $ _____ – $ _____ – $ _____ – $ _____ = $ _____
                            Sale Price   Cost   Fee(s)   Discount(s)   Profit

Notes: _____

_____

Inventory #

Brand & Description: _____

Date Sourced: _____ Location: _____ Cost: $ _____

Condition: NWT Pre-Owned **Category:** Women Men Kids

Tag Size: _____ Chest: _____ Length: _____ Sleeve: _____ Neck: _____

Waist: _____ Inseam: _____ Rise: _____ Other: _____

Material(s): _____ Style #: _____

Flaw(s): _____

Retail Price: $ _____ Listing Price: $ _____ Lowest Price: $ _____

Date Sold: _____ $ _____ – $ _____ – $ _____ – $ _____ = $ _____
                                Sale Price   Cost   Fee(s)   Discount(s)   Profit

Notes: _____

_____

Inventory #

Brand & Description: _____

Date Sourced: _____ Location: _____ Cost: $ _____

Condition: NWT Pre-Owned **Category:** Women Men Kids

Tag Size: _____ Chest: _____ Length: _____ Sleeve: _____ Neck: _____

Waist: _____ Inseam: _____ Rise: _____ Other: _____

Material(s): _____ Style #: _____

Flaw(s): _____

Retail Price: $ _____ Listing Price: $ _____ Lowest Price: $ _____

Date Sold: _____ $ _____ – $ _____ – $ _____ – $ _____ = $ _____
                                Sale Price   Cost   Fee(s)   Discount(s)   Profit

Notes: _____

_____

Inventory #

Brand & Description: _____

Date Sourced: _____ Location: _____ Cost: $ _____

Condition: NWT   Pre-Owned   Category: Women   Men   Kids

Tag Size: _____ Chest: _____ Length: _____ Sleeve: _____ Neck: _____

Waist: _____ Inseam: _____ Rise: _____ Other: _____

Material(s): _____ Style #: _____

Flaw(s): _____

Retail Price: $ _____ Listing Price: $ _____ Lowest Price: $ _____

Date Sold: _____ $ _____ – $ _____ – $ _____ – $ _____ = $ _____
                          Sale Price   Cost   Fee(s)   Discount(s)   Profit

Notes: _____

_____

Inventory #

Brand & Description: _____

Date Sourced: _____ Location: _____ Cost: $ _____

Condition: NWT   Pre-Owned   Category: Women   Men   Kids

Tag Size: _____ Chest: _____ Length: _____ Sleeve: _____ Neck: _____

Waist: _____ Inseam: _____ Rise: _____ Other: _____

Material(s): _____ Style #: _____

Flaw(s): _____

Retail Price: $ _____ Listing Price: $ _____ Lowest Price: $ _____

Date Sold: _____ $ _____ – $ _____ – $ _____ – $ _____ = $ _____
                          Sale Price   Cost   Fee(s)   Discount(s)   Profit

Notes: _____

_____

Inventory #

Brand & Description: _____

Date Sourced: _____ Location: _____ Cost: $ _____

Condition: NWT   Pre-Owned   Category: Women   Men   Kids

Tag Size: _____ Chest: _____ Length: _____ Sleeve: _____ Neck: _____

Waist: _____ Inseam: _____ Rise: _____ Other: _____

Material(s): _____ Style #: _____

Flaw(s): _____

Retail Price: $ _____ Listing Price: $ _____ Lowest Price: $ _____

Date Sold: _____ $ _____ – $ _____ – $ _____ – $ _____ = $ _____
                          Sale Price   Cost   Fee(s)   Discount(s)   Profit

Notes: _____

_____

Inventory #

Brand & Description: _____

Date Sourced: _____ Location: _____ Cost: $ _____

Condition: NWT   Pre-Owned   Category: Women   Men   Kids

Tag Size: _____ Chest: _____ Length: _____ Sleeve: _____ Neck: _____

Waist: _____ Inseam: _____ Rise: _____ Other: _____

Material(s): _____ Style #: _____

Flaw(s): _____

Retail Price: $ _____ Listing Price: $ _____ Lowest Price: $ _____

Date Sold: _____ $ _____ – $ _____ – $ _____ – $ _____ = $ _____
                          Sale Price   Cost   Fee(s)   Discount(s)   Profit

Notes: _____

_____

Inventory #

Brand & Description: _____

Date Sourced: _____ Location: _____ Cost: $ _____

Condition: NWT Pre-Owned **Category:** Women Men Kids

Tag Size: _____ Chest: _____ Length: _____ Sleeve: _____ Neck: _____

Waist: _____ Inseam: _____ Rise: _____ Other: _____

Material(s): _____ Style #: _____

Flaw(s): _____

Retail Price: $ _____ Listing Price: $ _____ Lowest Price: $ _____

Date Sold: _____ $ _____ – $ _____ – $ _____ – $ _____ = $ _____
                              Sale Price   Cost   Fee(s)   Discount(s)   Profit

Notes: _____

_____

Inventory #

Brand & Description: _____

Date Sourced: _____ Location: _____ Cost: $ _____

Condition: NWT Pre-Owned **Category:** Women Men Kids

Tag Size: _____ Chest: _____ Length: _____ Sleeve: _____ Neck: _____

Waist: _____ Inseam: _____ Rise: _____ Other: _____

Material(s): _____ Style #: _____

Flaw(s): _____

Retail Price: $ _____ Listing Price: $ _____ Lowest Price: $ _____

Date Sold: _____ $ _____ – $ _____ – $ _____ – $ _____ = $ _____
                              Sale Price   Cost   Fee(s)   Discount(s)   Profit

Notes: _____

_____

Inventory #

Brand & Description: _____

Date Sourced: _____ Location: _____ Cost: $ _____

Condition: NWT   Pre-Owned   Category: Women   Men   Kids

Tag Size: _____ Chest: _____ Length: _____ Sleeve: _____ Neck: _____

Waist: _____ Inseam: _____ Rise: _____ Other: _____

Material(s): _____ Style #: _____

Flaw(s): _____

Retail Price: $ _____ Listing Price: $ _____ Lowest Price: $ _____

Date Sold: _____ $ _____ – $ _____ – $ _____ – $ _____ = $ _____
                            Sale Price   Cost   Fee(s)   Discount(s)   Profit

Notes: _____

_____

Inventory #

Brand & Description: _____

Date Sourced: _____ Location: _____ Cost: $ _____

Condition: NWT   Pre-Owned   Category: Women   Men   Kids

Tag Size: _____ Chest: _____ Length: _____ Sleeve: _____ Neck: _____

Waist: _____ Inseam: _____ Rise: _____ Other: _____

Material(s): _____ Style #: _____

Flaw(s): _____

Retail Price: $ _____ Listing Price: $ _____ Lowest Price: $ _____

Date Sold: _____ $ _____ – $ _____ – $ _____ – $ _____ = $ _____
                            Sale Price   Cost   Fee(s)   Discount(s)   Profit

Notes: _____

_____

Inventory #

Brand & Description: _____

Date Sourced: _____ Location: _____ Cost: $ _____

Condition: NWT   Pre-Owned   Category: Women   Men   Kids

Tag Size: _____ Chest: _____ Length: _____ Sleeve: _____ Neck: _____

Waist: _____ Inseam: _____ Rise: _____ Other: _____

Material(s): _____ Style #: _____

Flaw(s): _____

Retail Price: $ _____ Listing Price: $ _____ Lowest Price: $ _____

Date Sold: _____ $ _____ – $ _____ – $ _____ – $ _____ = $ _____
Sale Price   Cost   Fee(s)   Discount(s)   Profit

Notes: _____

_____

Inventory #

Brand & Description: _____

Date Sourced: _____ Location: _____ Cost: $ _____

Condition: NWT   Pre-Owned   Category: Women   Men   Kids

Tag Size: _____ Chest: _____ Length: _____ Sleeve: _____ Neck: _____

Waist: _____ Inseam: _____ Rise: _____ Other: _____

Material(s): _____ Style #: _____

Flaw(s): _____

Retail Price: $ _____ Listing Price: $ _____ Lowest Price: $ _____

Date Sold: _____ $ _____ – $ _____ – $ _____ – $ _____ = $ _____
Sale Price   Cost   Fee(s)   Discount(s)   Profit

Notes: _____

_____

Inventory #

Brand & Description: _____

Date Sourced: _____ Location: _____ Cost: $ _____

Condition: NWT   Pre-Owned   Category: Women   Men   Kids

Tag Size: _____ Chest: _____ Length: _____ Sleeve: _____ Neck: _____

Waist: _____ Inseam: _____ Rise: _____ Other: _____

Material(s): _____ Style #: _____

Flaw(s): _____

Retail Price: $ _____ Listing Price: $ _____ Lowest Price: $ _____

Date Sold: _____ $ _____ – $ _____ – $ _____ – $ _____ = $ _____
                        Sale Price   Cost   Fee(s)   Discount(s)   Profit

Notes: _____

_____

Inventory #

Brand & Description: _____

Date Sourced: _____ Location: _____ Cost: $ _____

Condition: NWT   Pre-Owned   Category: Women   Men   Kids

Tag Size: _____ Chest: _____ Length: _____ Sleeve: _____ Neck: _____

Waist: _____ Inseam: _____ Rise: _____ Other: _____

Material(s): _____ Style #: _____

Flaw(s): _____

Retail Price: $ _____ Listing Price: $ _____ Lowest Price: $ _____

Date Sold: _____ $ _____ – $ _____ – $ _____ – $ _____ = $ _____
                        Sale Price   Cost   Fee(s)   Discount(s)   Profit

Notes: _____

_____

Inventory #

Brand & Description: _____

Date Sourced: _____ Location: _____ Cost: $ _____

Condition: NWT   Pre-Owned   Category: Women   Men   Kids

Tag Size: _____ Chest: _____ Length: _____ Sleeve: _____ Neck: _____

Waist: _____ Inseam: _____ Rise: _____ Other: _____

Material(s): _____ Style #: _____

Flaw(s): _____

Retail Price: $ _____ Listing Price: $ _____ Lowest Price: $ _____

Date Sold: _____ $ _____ – $ _____ – $ _____ – $ _____ = $ _____
                              Sale Price   Cost   Fee(s)   Discount(s)   Profit

Notes: _____

_____

Inventory #

Brand & Description: _____

Date Sourced: _____ Location: _____ Cost: $ _____

Condition: NWT   Pre-Owned   Category: Women   Men   Kids

Tag Size: _____ Chest: _____ Length: _____ Sleeve: _____ Neck: _____

Waist: _____ Inseam: _____ Rise: _____ Other: _____

Material(s): _____ Style #: _____

Flaw(s): _____

Retail Price: $ _____ Listing Price: $ _____ Lowest Price: $ _____

Date Sold: _____ $ _____ – $ _____ – $ _____ – $ _____ = $ _____
                              Sale Price   Cost   Fee(s)   Discount(s)   Profit

Notes: _____

_____

Inventory #

Brand & Description: _____

Date Sourced: _____ Location: _____ Cost: $ _____

Condition: NWT   Pre-Owned   Category: Women   Men   Kids

Tag Size: _____ Chest: _____ Length: _____ Sleeve: _____ Neck: _____

Waist: _____ Inseam: _____ Rise: _____ Other: _____

Material(s): _____ Style #: _____

Flaw(s): _____

Retail Price: $ _____ Listing Price: $ _____ Lowest Price: $ _____

Date Sold: _____ $ _____ – $ _____ – $ _____ – $ _____ = $ _____
                              Sale Price   Cost   Fee(s)   Discount(s)   Profit

Notes: _____

Inventory #

Brand & Description: _____

Date Sourced: _____ Location: _____ Cost: $ _____

Condition: NWT   Pre-Owned   Category: Women   Men   Kids

Tag Size: _____ Chest: _____ Length: _____ Sleeve: _____ Neck: _____

Waist: _____ Inseam: _____ Rise: _____ Other: _____

Material(s): _____ Style #: _____

Flaw(s): _____

Retail Price: $ _____ Listing Price: $ _____ Lowest Price: $ _____

Date Sold: _____ $ _____ – $ _____ – $ _____ – $ _____ = $ _____
                              Sale Price   Cost   Fee(s)   Discount(s)   Profit

Notes: _____

Inventory #

Brand & Description: _____

Date Sourced: _____ Location: _____ Cost: $ _____

Condition: NWT   Pre-Owned   **Category:**   Women   Men   Kids

Tag Size: _____ Chest: _____ Length: _____ Sleeve: _____ Neck: _____

Waist: _____ Inseam: _____ Rise: _____ Other: _____

Material(s): _____ Style #: _____

Flaw(s): _____

Retail Price: $ _____ Listing Price: $ _____ Lowest Price: $ _____

Date Sold: _____ $ _____ – $ _____ – $ _____ – $ _____ = $ _____
                              Sale Price   Cost   Fee(s)   Discount(s)   Profit

Notes: _____

_____

Inventory #

Brand & Description: _____

Date Sourced: _____ Location: _____ Cost: $ _____

Condition: NWT   Pre-Owned   **Category:**   Women   Men   Kids

Tag Size: _____ Chest: _____ Length: _____ Sleeve: _____ Neck: _____

Waist: _____ Inseam: _____ Rise: _____ Other: _____

Material(s): _____ Style #: _____

Flaw(s): _____

Retail Price: $ _____ Listing Price: $ _____ Lowest Price: $ _____

Date Sold: _____ $ _____ – $ _____ – $ _____ – $ _____ = $ _____
                              Sale Price   Cost   Fee(s)   Discount(s)   Profit

Notes: _____

_____

Inventory #

Brand & Description: _____

Date Sourced: _____ Location: _____ Cost: $ _____

Condition: NWT   Pre-Owned   Category: Women   Men   Kids

Tag Size: _____ Chest: _____ Length: _____ Sleeve: _____ Neck: _____

Waist: _____ Inseam: _____ Rise: _____ Other: _____

Material(s): _____ Style #: _____

Flaw(s): _____

Retail Price: $ _____ Listing Price: $ _____ Lowest Price: $ _____

Date Sold: _____ $ _____ – $ _____ – $ _____ – $ _____ = $ _____
                             Sale Price   Cost   Fee(s)   Discount(s)   Profit

Notes: _____

Inventory #

Brand & Description: _____

Date Sourced: _____ Location: _____ Cost: $ _____

Condition: NWT   Pre-Owned   Category: Women   Men   Kids

Tag Size: _____ Chest: _____ Length: _____ Sleeve: _____ Neck: _____

Waist: _____ Inseam: _____ Rise: _____ Other: _____

Material(s): _____ Style #: _____

Flaw(s): _____

Retail Price: $ _____ Listing Price: $ _____ Lowest Price: $ _____

Date Sold: _____ $ _____ – $ _____ – $ _____ – $ _____ = $ _____
                             Sale Price   Cost   Fee(s)   Discount(s)   Profit

Notes: _____

Inventory #

Brand & Description: _____

Date Sourced: _____ Location: _____ Cost: $_____

Condition: NWT   Pre-Owned   Category: Women   Men   Kids

Tag Size: _____ Chest: _____ Length: _____ Sleeve: _____ Neck: _____

Waist: _____ Inseam: _____ Rise: _____ Other: _____

Material(s): _____ Style #: _____

Flaw(s): _____

Retail Price: $_____ Listing Price: $_____ Lowest Price: $_____

Date Sold: _____ $_____ – $_____ – $_____ – $_____ = $_____
                          Sale Price   Cost   Fee(s)   Discount(s)   Profit

Notes: _____
_____

Inventory #

Brand & Description: _____

Date Sourced: _____ Location: _____ Cost: $_____

Condition: NWT   Pre-Owned   Category: Women   Men   Kids

Tag Size: _____ Chest: _____ Length: _____ Sleeve: _____ Neck: _____

Waist: _____ Inseam: _____ Rise: _____ Other: _____

Material(s): _____ Style #: _____

Flaw(s): _____

Retail Price: $_____ Listing Price: $_____ Lowest Price: $_____

Date Sold: _____ $_____ – $_____ – $_____ – $_____ = $_____
                          Sale Price   Cost   Fee(s)   Discount(s)   Profit

Notes: _____
_____

Inventory #

Brand & Description: _____

Date Sourced: _____ Location: _____ Cost: $ _____

Condition: NWT   Pre-Owned   Category: Women   Men   Kids

Tag Size: _____ Chest: _____ Length: _____ Sleeve: _____ Neck: _____

Waist: _____ Inseam: _____ Rise: _____ Other: _____

Material(s): _____ Style #: _____

Flaw(s): _____

Retail Price: $ _____ Listing Price: $ _____ Lowest Price: $ _____

Date Sold: _____ $ _____ – $ _____ – $ _____ – $ _____ = $ _____
                              Sale Price   Cost   Fee(s)   Discount(s)   Profit

Notes: _____

_____

Inventory #

Brand & Description: _____

Date Sourced: _____ Location: _____ Cost: $ _____

Condition: NWT   Pre-Owned   Category: Women   Men   Kids

Tag Size: _____ Chest: _____ Length: _____ Sleeve: _____ Neck: _____

Waist: _____ Inseam: _____ Rise: _____ Other: _____

Material(s): _____ Style #: _____

Flaw(s): _____

Retail Price: $ _____ Listing Price: $ _____ Lowest Price: $ _____

Date Sold: _____ $ _____ – $ _____ – $ _____ – $ _____ = $ _____
                              Sale Price   Cost   Fee(s)   Discount(s)   Profit

Notes: _____

_____

Inventory #

Brand & Description: _____

Date Sourced: _____ Location: _____ Cost: $ _____

Condition: NWT   Pre-Owned   Category: Women   Men   Kids

Tag Size: _____ Chest: _____ Length: _____ Sleeve: _____ Neck: _____

Waist: _____ Inseam: _____ Rise: _____ Other: _____

Material(s): _____ Style #: _____

Flaw(s): _____

Retail Price: $ _____ Listing Price: $ _____ Lowest Price: $ _____

Date Sold: _____ $ _____ – $ _____ – $ _____ – $ _____ = $ _____
                             Sale Price   Cost   Fee(s)   Discount(s)   Profit

Notes: _____

_____

Inventory #

Brand & Description: _____

Date Sourced: _____ Location: _____ Cost: $ _____

Condition: NWT   Pre-Owned   Category: Women   Men   Kids

Tag Size: _____ Chest: _____ Length: _____ Sleeve: _____ Neck: _____

Waist: _____ Inseam: _____ Rise: _____ Other: _____

Material(s): _____ Style #: _____

Flaw(s): _____

Retail Price: $ _____ Listing Price: $ _____ Lowest Price: $ _____

Date Sold: _____ $ _____ – $ _____ – $ _____ – $ _____ = $ _____
                             Sale Price   Cost   Fee(s)   Discount(s)   Profit

Notes: _____

_____

Inventory #

Brand & Description: _____

Date Sourced: _____ Location: _____ Cost: $ _____

Condition: NWT   Pre-Owned   Category: Women   Men   Kids

Tag Size: _____ Chest: _____ Length: _____ Sleeve: _____ Neck: _____

Waist: _____ Inseam: _____ Rise: _____ Other: _____

Material(s): _____ Style #: _____

Flaw(s): _____

Retail Price: $ _____ Listing Price: $ _____ Lowest Price: $ _____

Date Sold: _____ $ _____ – $ _____ – $ _____ – $ _____ = $ _____
           Sale Price   Cost   Fee(s)   Discount(s)   Profit

Notes: _____

Inventory #

Brand & Description: _____

Date Sourced: _____ Location: _____ Cost: $ _____

Condition: NWT   Pre-Owned   Category: Women   Men   Kids

Tag Size: _____ Chest: _____ Length: _____ Sleeve: _____ Neck: _____

Waist: _____ Inseam: _____ Rise: _____ Other: _____

Material(s): _____ Style #: _____

Flaw(s): _____

Retail Price: $ _____ Listing Price: $ _____ Lowest Price: $ _____

Date Sold: _____ $ _____ – $ _____ – $ _____ – $ _____ = $ _____
           Sale Price   Cost   Fee(s)   Discount(s)   Profit

Notes: _____

Inventory #

Brand & Description: _____

Date Sourced: _____ Location: _____ Cost: $ _____

Condition: NWT   Pre-Owned   Category: Women   Men   Kids

Tag Size: _____ Chest: _____ Length: _____ Sleeve: _____ Neck: _____

Waist: _____ Inseam: _____ Rise: _____ Other: _____

Material(s): _____ Style #: _____

Flaw(s): _____

Retail Price: $ _____ Listing Price: $ _____ Lowest Price: $ _____

Date Sold: _____ $ _____ – $ _____ – $ _____ – $ _____ = $ _____
                          Sale Price   Cost   Fee(s)   Discount(s)   Profit

Notes: _____

_____

Inventory #

Brand & Description: _____

Date Sourced: _____ Location: _____ Cost: $ _____

Condition: NWT   Pre-Owned   Category: Women   Men   Kids

Tag Size: _____ Chest: _____ Length: _____ Sleeve: _____ Neck: _____

Waist: _____ Inseam: _____ Rise: _____ Other: _____

Material(s): _____ Style #: _____

Flaw(s): _____

Retail Price: $ _____ Listing Price: $ _____ Lowest Price: $ _____

Date Sold: _____ $ _____ – $ _____ – $ _____ – $ _____ = $ _____
                          Sale Price   Cost   Fee(s)   Discount(s)   Profit

Notes: _____

_____

Inventory #

Brand & Description: _____

Date Sourced: _____ Location: _____ Cost: $ _____

Condition: NWT   Pre-Owned   Category: Women   Men   Kids

Tag Size: _____ Chest: _____ Length: _____ Sleeve: _____ Neck: _____

Waist: _____ Inseam: _____ Rise: _____ Other: _____

Material(s): _____ Style #: _____

Flaw(s): _____

Retail Price: $ _____ Listing Price: $ _____ Lowest Price: $ _____

Date Sold: _____ $ _____ – $ _____ – $ _____ – $ _____ = $ _____
                              Sale Price   Cost   Fee(s)   Discount(s)   Profit

Notes: _____

_____

Inventory #

Brand & Description: _____

Date Sourced: _____ Location: _____ Cost: $ _____

Condition: NWT   Pre-Owned   Category: Women   Men   Kids

Tag Size: _____ Chest: _____ Length: _____ Sleeve: _____ Neck: _____

Waist: _____ Inseam: _____ Rise: _____ Other: _____

Material(s): _____ Style #: _____

Flaw(s): _____

Retail Price: $ _____ Listing Price: $ _____ Lowest Price: $ _____

Date Sold: _____ $ _____ – $ _____ – $ _____ – $ _____ = $ _____
                              Sale Price   Cost   Fee(s)   Discount(s)   Profit

Notes: _____

_____

Inventory #

Brand & Description: _____

Date Sourced: _____ Location: _____ Cost: $ _____

Condition: NWT Pre-Owned **Category:** Women Men Kids

Tag Size: _____ Chest: _____ Length: _____ Sleeve: _____ Neck: _____

Waist: _____ Inseam: _____ Rise: _____ Other: _____

Material(s): _____ Style #: _____

Flaw(s): _____

Retail Price: $ _____ Listing Price: $ _____ Lowest Price: $ _____

Date Sold: _____ $ _____ – $ _____ – $ _____ – $ _____ = $ _____
                              Sale Price   Cost   Fee(s)   Discount(s)   Profit

Notes: _____

_____

Inventory #

Brand & Description: _____

Date Sourced: _____ Location: _____ Cost: $ _____

Condition: NWT Pre-Owned **Category:** Women Men Kids

Tag Size: _____ Chest: _____ Length: _____ Sleeve: _____ Neck: _____

Waist: _____ Inseam: _____ Rise: _____ Other: _____

Material(s): _____ Style #: _____

Flaw(s): _____

Retail Price: $ _____ Listing Price: $ _____ Lowest Price: $ _____

Date Sold: _____ $ _____ – $ _____ – $ _____ – $ _____ = $ _____
                              Sale Price   Cost   Fee(s)   Discount(s)   Profit

Notes: _____

_____

Inventory #

Brand & Description: _____

Date Sourced: _____ Location: _____ Cost: $ _____

Condition: NWT   Pre-Owned   Category: Women   Men   Kids

Tag Size: _____ Chest: _____ Length: _____ Sleeve: _____ Neck: _____

Waist: _____ Inseam: _____ Rise: _____ Other: _____

Material(s): _____ Style #: _____

Flaw(s): _____

Retail Price: $ _____ Listing Price: $ _____ Lowest Price: $ _____

Date Sold: _____ $ _____ – $ _____ – $ _____ – $ _____ = $ _____
                              Sale Price   Cost   Fee(s)   Discount(s)   Profit

Notes: _____

Inventory #

Brand & Description: _____

Date Sourced: _____ Location: _____ Cost: $ _____

Condition: NWT   Pre-Owned   Category: Women   Men   Kids

Tag Size: _____ Chest: _____ Length: _____ Sleeve: _____ Neck: _____

Waist: _____ Inseam: _____ Rise: _____ Other: _____

Material(s): _____ Style #: _____

Flaw(s): _____

Retail Price: $ _____ Listing Price: $ _____ Lowest Price: $ _____

Date Sold: _____ $ _____ – $ _____ – $ _____ – $ _____ = $ _____
                              Sale Price   Cost   Fee(s)   Discount(s)   Profit

Notes: _____

Inventory #

Brand & Description: _____

Date Sourced: _____ Location: _____ Cost: $_____

Condition: NWT   Pre-Owned   Category: Women   Men   Kids

Tag Size: _____ Chest: _____ Length: _____ Sleeve: _____ Neck: _____

Waist: _____ Inseam: _____ Rise: _____ Other: _____

Material(s): _____ Style #: _____

Flaw(s): _____

Retail Price: $_____ Listing Price: $_____ Lowest Price: $_____

Date Sold:_____ $_____ – $_____ – $_____ – $_____ = $_____
                              Sale Price   Cost   Fee(s)   Discount(s)   Profit

Notes: _____

_____

Inventory #

Brand & Description: _____

Date Sourced: _____ Location: _____ Cost: $_____

Condition: NWT   Pre-Owned   Category: Women   Men   Kids

Tag Size: _____ Chest: _____ Length: _____ Sleeve: _____ Neck: _____

Waist: _____ Inseam: _____ Rise: _____ Other: _____

Material(s): _____ Style #: _____

Flaw(s): _____

Retail Price: $_____ Listing Price: $_____ Lowest Price: $_____

Date Sold:_____ $_____ – $_____ – $_____ – $_____ = $_____
                              Sale Price   Cost   Fee(s)   Discount(s)   Profit

Notes: _____

_____

Inventory #

Brand & Description: _____

Date Sourced: _____ Location: _____ Cost: $ _____

Condition: NWT   Pre-Owned   Category: Women   Men   Kids

Tag Size: _____ Chest: _____ Length: _____ Sleeve: _____ Neck: _____

Waist: _____ Inseam: _____ Rise: _____ Other: _____

Material(s): _____ Style #: _____

Flaw(s): _____

Retail Price: $ _____ Listing Price: $ _____ Lowest Price: $ _____

Date Sold: _____ $ _____ – $ _____ – $ _____ – $ _____ = $ _____
                              Sale Price   Cost   Fee(s)   Discount(s)   Profit

Notes: _____

_____

Inventory #

Brand & Description: _____

Date Sourced: _____ Location: _____ Cost: $ _____

Condition: NWT   Pre-Owned   Category: Women   Men   Kids

Tag Size: _____ Chest: _____ Length: _____ Sleeve: _____ Neck: _____

Waist: _____ Inseam: _____ Rise: _____ Other: _____

Material(s): _____ Style #: _____

Flaw(s): _____

Retail Price: $ _____ Listing Price: $ _____ Lowest Price: $ _____

Date Sold: _____ $ _____ – $ _____ – $ _____ – $ _____ = $ _____
                              Sale Price   Cost   Fee(s)   Discount(s)   Profit

Notes: _____

_____

Inventory #

Brand & Description: _____

Date Sourced: _____ Location: _____ Cost: $ _____

Condition: NWT   Pre-Owned   Category: Women   Men   Kids

Tag Size: _____ Chest: _____ Length: _____ Sleeve: _____ Neck: _____

Waist: _____ Inseam: _____ Rise: _____ Other: _____

Material(s): _____ Style #: _____

Flaw(s): _____

Retail Price: $ _____ Listing Price: $ _____ Lowest Price: $ _____

Date Sold: _____ $ _____ – $ _____ – $ _____ – $ _____ = $ _____
                              Sale Price   Cost   Fee(s)   Discount(s)   Profit

Notes: _____

_____

Inventory #

Brand & Description: _____

Date Sourced: _____ Location: _____ Cost: $ _____

Condition: NWT   Pre-Owned   Category: Women   Men   Kids

Tag Size: _____ Chest: _____ Length: _____ Sleeve: _____ Neck: _____

Waist: _____ Inseam: _____ Rise: _____ Other: _____

Material(s): _____ Style #: _____

Flaw(s): _____

Retail Price: $ _____ Listing Price: $ _____ Lowest Price: $ _____

Date Sold: _____ $ _____ – $ _____ – $ _____ – $ _____ = $ _____
                              Sale Price   Cost   Fee(s)   Discount(s)   Profit

Notes: _____

_____

Inventory #

Brand & Description: _____

Date Sourced: _____ Location: _____ Cost: $ _____

Condition: NWT   Pre-Owned   Category: Women   Men   Kids

Tag Size: _____ Chest: _____ Length: _____ Sleeve: _____ Neck: _____

Waist: _____ Inseam: _____ Rise: _____ Other: _____

Material(s): _____ Style #: _____

Flaw(s): _____

Retail Price: $ _____ Listing Price: $ _____ Lowest Price: $ _____

Date Sold: _____ $ _____ – $ _____ – $ _____ – $ _____ = $ _____
                          Sale Price   Cost   Fee(s)   Discount(s)   Profit

Notes: _____
_____

Inventory #

Brand & Description: _____

Date Sourced: _____ Location: _____ Cost: $ _____

Condition: NWT   Pre-Owned   Category: Women   Men   Kids

Tag Size: _____ Chest: _____ Length: _____ Sleeve: _____ Neck: _____

Waist: _____ Inseam: _____ Rise: _____ Other: _____

Material(s): _____ Style #: _____

Flaw(s): _____

Retail Price: $ _____ Listing Price: $ _____ Lowest Price: $ _____

Date Sold: _____ $ _____ – $ _____ – $ _____ – $ _____ = $ _____
                          Sale Price   Cost   Fee(s)   Discount(s)   Profit

Notes: _____
_____

Inventory #

Brand & Description: _____

Date Sourced: _____ Location: _____ Cost: $ _____

Condition: NWT   Pre-Owned   **Category:**   Women   Men   Kids

Tag Size: _____ Chest: _____ Length: _____ Sleeve: _____ Neck: _____

Waist: _____ Inseam: _____ Rise: _____ Other: _____

Material(s): _____ Style #: _____

Flaw(s): _____

Retail Price: $ _____ Listing Price: $ _____ Lowest Price: $ _____

Date Sold: _____ $ _____ – $ _____ – $ _____ – $ _____ = $ _____
                            Sale Price   Cost   Fee(s)   Discount(s)   Profit

Notes: _____

_____

Inventory #

Brand & Description: _____

Date Sourced: _____ Location: _____ Cost: $ _____

Condition: NWT   Pre-Owned   **Category:**   Women   Men   Kids

Tag Size: _____ Chest: _____ Length: _____ Sleeve: _____ Neck: _____

Waist: _____ Inseam: _____ Rise: _____ Other: _____

Material(s): _____ Style #: _____

Flaw(s): _____

Retail Price: $ _____ Listing Price: $ _____ Lowest Price: $ _____

Date Sold: _____ $ _____ – $ _____ – $ _____ – $ _____ = $ _____
                            Sale Price   Cost   Fee(s)   Discount(s)   Profit

Notes: _____

_____

Inventory #

Brand & Description: _____

Date Sourced: _____ Location: _____ Cost: $ _____

Condition: NWT   Pre-Owned   Category: Women   Men   Kids

Tag Size: _____ Chest: _____ Length: _____ Sleeve: _____ Neck: _____

Waist: _____ Inseam: _____ Rise: _____ Other: _____

Material(s): _____ Style #: _____

Flaw(s): _____

Retail Price: $ _____ Listing Price: $ _____ Lowest Price: $ _____

Date Sold: _____ $ _____ – $ _____ – $ _____ – $ _____ = $ _____
                              Sale Price   Cost   Fee(s)   Discount(s)   Profit

Notes: _____

_____

Inventory #

Brand & Description: _____

Date Sourced: _____ Location: _____ Cost: $ _____

Condition: NWT   Pre-Owned   Category: Women   Men   Kids

Tag Size: _____ Chest: _____ Length: _____ Sleeve: _____ Neck: _____

Waist: _____ Inseam: _____ Rise: _____ Other: _____

Material(s): _____ Style #: _____

Flaw(s): _____

Retail Price: $ _____ Listing Price: $ _____ Lowest Price: $ _____

Date Sold: _____ $ _____ – $ _____ – $ _____ – $ _____ = $ _____
                              Sale Price   Cost   Fee(s)   Discount(s)   Profit

Notes: _____

_____

Inventory #

Brand & Description: _____

Date Sourced: _____ Location: _____ Cost: $ _____

Condition: NWT Pre-Owned Category: Women Men Kids

Tag Size: _____ Chest: _____ Length: _____ Sleeve: _____ Neck: _____

Waist: _____ Inseam: _____ Rise: _____ Other: _____

Material(s): _____ Style #: _____

Flaw(s): _____

Retail Price: $ _____ Listing Price: $ _____ Lowest Price: $ _____

Date Sold: _____ $ _____ – $ _____ – $ _____ – $ _____ = $ _____
                              Sale Price   Cost   Fee(s)   Discount(s)   Profit

Notes: _____

_____

Inventory #

Brand & Description: _____

Date Sourced: _____ Location: _____ Cost: $ _____

Condition: NWT Pre-Owned Category: Women Men Kids

Tag Size: _____ Chest: _____ Length: _____ Sleeve: _____ Neck: _____

Waist: _____ Inseam: _____ Rise: _____ Other: _____

Material(s): _____ Style #: _____

Flaw(s): _____

Retail Price: $ _____ Listing Price: $ _____ Lowest Price: $ _____

Date Sold: _____ $ _____ – $ _____ – $ _____ – $ _____ = $ _____
                              Sale Price   Cost   Fee(s)   Discount(s)   Profit

Notes: _____

_____

Inventory #

Brand & Description: _____

Date Sourced: _____ Location: _____ Cost: $ _____

Condition: NWT   Pre-Owned   Category: Women   Men   Kids

Tag Size: _____ Chest: _____ Length: _____ Sleeve: _____ Neck: _____

Waist: _____ Inseam: _____ Rise: _____ Other: _____

Material(s): _____ Style #: _____

Flaw(s): _____

Retail Price: $ _____ Listing Price: $ _____ Lowest Price: $ _____

Date Sold: _____ $ _____ – $ _____ – $ _____ – $ _____ = $ _____
                          Sale Price   Cost   Fee(s)   Discount(s)   Profit

Notes: _____
_____

Inventory #

Brand & Description: _____

Date Sourced: _____ Location: _____ Cost: $ _____

Condition: NWT   Pre-Owned   Category: Women   Men   Kids

Tag Size: _____ Chest: _____ Length: _____ Sleeve: _____ Neck: _____

Waist: _____ Inseam: _____ Rise: _____ Other: _____

Material(s): _____ Style #: _____

Flaw(s): _____

Retail Price: $ _____ Listing Price: $ _____ Lowest Price: $ _____

Date Sold: _____ $ _____ – $ _____ – $ _____ – $ _____ = $ _____
                          Sale Price   Cost   Fee(s)   Discount(s)   Profit

Notes: _____
_____

Inventory #

Brand & Description: _____

Date Sourced: _____ Location: _____ Cost: $_____

Condition: NWT   Pre-Owned   Category: Women   Men   Kids

Tag Size: _____ Chest: _____ Length: _____ Sleeve: _____ Neck: _____

Waist: _____ Inseam: _____ Rise: _____ Other: _____

Material(s): _____ Style #: _____

Flaw(s): _____

Retail Price: $_____ Listing Price: $_____ Lowest Price: $_____

Date Sold: _____ $_____ – $_____ – $_____ – $_____ = $_____
                               Sale Price   Cost   Fee(s)   Discount(s)   Profit

Notes: _____

_____

Inventory #

Brand & Description: _____

Date Sourced: _____ Location: _____ Cost: $_____

Condition: NWT   Pre-Owned   Category: Women   Men   Kids

Tag Size: _____ Chest: _____ Length: _____ Sleeve: _____ Neck: _____

Waist: _____ Inseam: _____ Rise: _____ Other: _____

Material(s): _____ Style #: _____

Flaw(s): _____

Retail Price: $_____ Listing Price: $_____ Lowest Price: $_____

Date Sold: _____ $_____ – $_____ – $_____ – $_____ = $_____
                               Sale Price   Cost   Fee(s)   Discount(s)   Profit

Notes: _____

_____

Inventory #

Brand & Description: _____

Date Sourced: _____ Location: _____ Cost: $ _____

Condition: NWT   Pre-Owned   Category: Women   Men   Kids

Tag Size: _____ Chest: _____ Length: _____ Sleeve: _____ Neck: _____

Waist: _____ Inseam: _____ Rise: _____ Other: _____

Material(s): _____ Style #: _____

Flaw(s): _____

Retail Price: $ _____ Listing Price: $ _____ Lowest Price: $ _____

Date Sold: _____ $ _____ – $ _____ – $ _____ – $ _____ = $ _____
             Sale Price   Cost   Fee(s)   Discount(s)   Profit

Notes: _____

_____

Inventory #

Brand & Description: _____

Date Sourced: _____ Location: _____ Cost: $ _____

Condition: NWT   Pre-Owned   Category: Women   Men   Kids

Tag Size: _____ Chest: _____ Length: _____ Sleeve: _____ Neck: _____

Waist: _____ Inseam: _____ Rise: _____ Other: _____

Material(s): _____ Style #: _____

Flaw(s): _____

Retail Price: $ _____ Listing Price: $ _____ Lowest Price: $ _____

Date Sold: _____ $ _____ – $ _____ – $ _____ – $ _____ = $ _____
             Sale Price   Cost   Fee(s)   Discount(s)   Profit

Notes: _____

_____

Inventory #

Brand & Description: _____

Date Sourced: _____ Location: _____ Cost: $ _____

Condition: NWT   Pre-Owned   **Category:**   Women   Men   Kids

Tag Size: _____ Chest: _____ Length: _____ Sleeve: _____ Neck: _____

Waist: _____ Inseam: _____ Rise: _____ Other: _____

Material(s): _____ Style #: _____

Flaw(s): _____

Retail Price: $ _____ Listing Price: $ _____ Lowest Price: $ _____

Date Sold: _____ $ _____ – $ _____ – $ _____ – $ _____ = $ _____
                              Sale Price   Cost   Fee(s)   Discount(s)   Profit

Notes: _____

_____

Inventory #

Brand & Description: _____

Date Sourced: _____ Location: _____ Cost: $ _____

Condition: NWT   Pre-Owned   **Category:**   Women   Men   Kids

Tag Size: _____ Chest: _____ Length: _____ Sleeve: _____ Neck: _____

Waist: _____ Inseam: _____ Rise: _____ Other: _____

Material(s): _____ Style #: _____

Flaw(s): _____

Retail Price: $ _____ Listing Price: $ _____ Lowest Price: $ _____

Date Sold: _____ $ _____ – $ _____ – $ _____ – $ _____ = $ _____
                              Sale Price   Cost   Fee(s)   Discount(s)   Profit

Notes: _____

_____

Inventory #

Brand & Description: _____

Date Sourced: _____ Location: _____ Cost: $ _____

Condition: NWT   Pre-Owned   Category: Women   Men   Kids

Tag Size: _____ Chest: _____ Length: _____ Sleeve: _____ Neck: _____

Waist: _____ Inseam: _____ Rise: _____ Other: _____

Material(s): _____ Style #: _____

Flaw(s): _____

Retail Price: $ _____ Listing Price: $ _____ Lowest Price: $ _____

Date Sold: _____ $ _____ – $ _____ – $ _____ – $ _____ = $ _____
                          Sale Price   Cost   Fee(s)   Discount(s)   Profit

Notes: _____
_____

Inventory #

Brand & Description: _____

Date Sourced: _____ Location: _____ Cost: $ _____

Condition: NWT   Pre-Owned   Category: Women   Men   Kids

Tag Size: _____ Chest: _____ Length: _____ Sleeve: _____ Neck: _____

Waist: _____ Inseam: _____ Rise: _____ Other: _____

Material(s): _____ Style #: _____

Flaw(s): _____

Retail Price: $ _____ Listing Price: $ _____ Lowest Price: $ _____

Date Sold: _____ $ _____ – $ _____ – $ _____ – $ _____ = $ _____
                          Sale Price   Cost   Fee(s)   Discount(s)   Profit

Notes: _____
_____

Inventory #

Brand & Description: _____

Date Sourced: _____ Location: _____ Cost: $ _____

Condition: NWT   Pre-Owned   Category: Women   Men   Kids

Tag Size: _____ Chest: _____ Length: _____ Sleeve: _____ Neck: _____

Waist: _____ Inseam: _____ Rise: _____ Other: _____

Material(s): _____ Style #: _____

Flaw(s): _____

Retail Price: $ _____ Listing Price: $ _____ Lowest Price: $ _____

Date Sold: _____ $ _____ – $ _____ – $ _____ – $ _____ = $ _____
                          Sale Price   Cost   Fee(s)   Discount(s)   Profit

Notes: _____

_____

Inventory #

Brand & Description: _____

Date Sourced: _____ Location: _____ Cost: $ _____

Condition: NWT   Pre-Owned   Category: Women   Men   Kids

Tag Size: _____ Chest: _____ Length: _____ Sleeve: _____ Neck: _____

Waist: _____ Inseam: _____ Rise: _____ Other: _____

Material(s): _____ Style #: _____

Flaw(s): _____

Retail Price: $ _____ Listing Price: $ _____ Lowest Price: $ _____

Date Sold: _____ $ _____ – $ _____ – $ _____ – $ _____ = $ _____
                          Sale Price   Cost   Fee(s)   Discount(s)   Profit

Notes: _____

_____

Inventory #

Brand & Description: _____

Date Sourced: _____ Location: _____ Cost: $ _____

Condition: NWT   Pre-Owned   Category: Women   Men   Kids

Tag Size: _____ Chest: _____ Length: _____ Sleeve: _____ Neck: _____

Waist: _____ Inseam: _____ Rise: _____ Other: _____

Material(s): _____ Style #: _____

Flaw(s): _____

Retail Price: $ _____ Listing Price: $ _____ Lowest Price: $ _____

Date Sold: _____ $ _____ – $ _____ – $ _____ – $ _____ = $ _____
                          Sale Price   Cost   Fee(s)   Discount(s)   Profit

Notes: _____

_____

Inventory #

Brand & Description: _____

Date Sourced: _____ Location: _____ Cost: $ _____

Condition: NWT   Pre-Owned   Category: Women   Men   Kids

Tag Size: _____ Chest: _____ Length: _____ Sleeve: _____ Neck: _____

Waist: _____ Inseam: _____ Rise: _____ Other: _____

Material(s): _____ Style #: _____

Flaw(s): _____

Retail Price: $ _____ Listing Price: $ _____ Lowest Price: $ _____

Date Sold: _____ $ _____ – $ _____ – $ _____ – $ _____ = $ _____
                          Sale Price   Cost   Fee(s)   Discount(s)   Profit

Notes: _____

_____

Inventory #

Brand & Description: _____

Date Sourced: _____ Location: _____ Cost: $ _____

Condition: NWT   Pre-Owned   Category: Women   Men   Kids

Tag Size: _____ Chest: _____ Length: _____ Sleeve: _____ Neck: _____

Waist: _____ Inseam: _____ Rise: _____ Other: _____

Material(s): _____ Style #: _____

Flaw(s): _____

Retail Price: $ _____ Listing Price: $ _____ Lowest Price: $ _____

Date Sold: _____ $ _____ – $ _____ – $ _____ – $ _____ = $ _____
                              Sale Price   Cost   Fee(s)   Discount(s)   Profit

Notes: _____

_____

Inventory #

Brand & Description: _____

Date Sourced: _____ Location: _____ Cost: $ _____

Condition: NWT   Pre-Owned   Category: Women   Men   Kids

Tag Size: _____ Chest: _____ Length: _____ Sleeve: _____ Neck: _____

Waist: _____ Inseam: _____ Rise: _____ Other: _____

Material(s): _____ Style #: _____

Flaw(s): _____

Retail Price: $ _____ Listing Price: $ _____ Lowest Price: $ _____

Date Sold: _____ $ _____ – $ _____ – $ _____ – $ _____ = $ _____
                              Sale Price   Cost   Fee(s)   Discount(s)   Profit

Notes: _____

_____

Inventory #

Brand & Description: _____

Date Sourced: _____ Location: _____ Cost: $ _____

Condition: NWT   Pre-Owned   Category: Women   Men   Kids

Tag Size: _____ Chest: _____ Length: _____ Sleeve: _____ Neck: _____

Waist: _____ Inseam: _____ Rise: _____ Other: _____

Material(s): _____ Style #: _____

Flaw(s): _____

Retail Price: $ _____ Listing Price: $ _____ Lowest Price: $ _____

Date Sold: _____ $ _____ – $ _____ – $ _____ – $ _____ = $ _____
                              Sale Price   Cost   Fee(s)   Discount(s)   Profit

Notes: _____
_____

Inventory #

Brand & Description: _____

Date Sourced: _____ Location: _____ Cost: $ _____

Condition: NWT   Pre-Owned   Category: Women   Men   Kids

Tag Size: _____ Chest: _____ Length: _____ Sleeve: _____ Neck: _____

Waist: _____ Inseam: _____ Rise: _____ Other: _____

Material(s): _____ Style #: _____

Flaw(s): _____

Retail Price: $ _____ Listing Price: $ _____ Lowest Price: $ _____

Date Sold: _____ $ _____ – $ _____ – $ _____ – $ _____ = $ _____
                              Sale Price   Cost   Fee(s)   Discount(s)   Profit

Notes: _____
_____

Inventory #

Brand & Description: _____

Date Sourced: _____ Location: _____ Cost: $ _____

Condition: NWT   Pre-Owned   Category: Women   Men   Kids

Tag Size: _____ Chest: _____ Length: _____ Sleeve: _____ Neck: _____

Waist: _____ Inseam: _____ Rise: _____ Other: _____

Material(s): _____ Style #: _____

Flaw(s): _____

Retail Price: $ _____ Listing Price: $ _____ Lowest Price: $ _____

Date Sold: _____ $ _____ – $ _____ – $ _____ – $ _____ = $ _____
                              Sale Price   Cost   Fee(s)   Discount(s)   Profit

Notes: _____

_____

Inventory #

Brand & Description: _____

Date Sourced: _____ Location: _____ Cost: $ _____

Condition: NWT   Pre-Owned   Category: Women   Men   Kids

Tag Size: _____ Chest: _____ Length: _____ Sleeve: _____ Neck: _____

Waist: _____ Inseam: _____ Rise: _____ Other: _____

Material(s): _____ Style #: _____

Flaw(s): _____

Retail Price: $ _____ Listing Price: $ _____ Lowest Price: $ _____

Date Sold: _____ $ _____ – $ _____ – $ _____ – $ _____ = $ _____
                              Sale Price   Cost   Fee(s)   Discount(s)   Profit

Notes: _____

_____

Inventory #

Brand & Description: _____

Date Sourced: _____ Location: _____ Cost: $ _____

Condition: NWT   Pre-Owned   **Category:**   Women   Men   Kids

Tag Size: _____ Chest: _____ Length: _____ Sleeve: _____ Neck: _____

Waist: _____ Inseam: _____ Rise: _____ Other: _____

Material(s): _____ Style #: _____

Flaw(s): _____

Retail Price: $ _____ Listing Price: $ _____ Lowest Price: $ _____

Date Sold: _____ $ _____ – $ _____ – $ _____ – $ _____ = $ _____
                          Sale Price   Cost   Fee(s)   Discount(s)   Profit

Notes: _____

_____

Inventory #

Brand & Description: _____

Date Sourced: _____ Location: _____ Cost: $ _____

Condition: NWT   Pre-Owned   **Category:**   Women   Men   Kids

Tag Size: _____ Chest: _____ Length: _____ Sleeve: _____ Neck: _____

Waist: _____ Inseam: _____ Rise: _____ Other: _____

Material(s): _____ Style #: _____

Flaw(s): _____

Retail Price: $ _____ Listing Price: $ _____ Lowest Price: $ _____

Date Sold: _____ $ _____ – $ _____ – $ _____ – $ _____ = $ _____
                          Sale Price   Cost   Fee(s)   Discount(s)   Profit

Notes: _____

_____

Inventory #

Brand & Description: _____

Date Sourced: _____ Location: _____ Cost: $ _____

Condition: NWT   Pre-Owned   **Category:**   Women   Men   Kids

Tag Size: _____ Chest: _____ Length: _____ Sleeve: _____ Neck: _____

Waist: _____ Inseam: _____ Rise: _____ Other: _____

Material(s): _____ Style #: _____

Flaw(s): _____

Retail Price: $ _____ Listing Price: $ _____ Lowest Price: $ _____

Date Sold: _____ $ _____ – $ _____ – $ _____ – $ _____ = $ _____
                          Sale Price   Cost   Fee(s)   Discount(s)   Profit

Notes: _____

_____

Inventory #

Brand & Description: _____

Date Sourced: _____ Location: _____ Cost: $ _____

Condition: NWT   Pre-Owned   **Category:**   Women   Men   Kids

Tag Size: _____ Chest: _____ Length: _____ Sleeve: _____ Neck: _____

Waist: _____ Inseam: _____ Rise: _____ Other: _____

Material(s): _____ Style #: _____

Flaw(s): _____

Retail Price: $ _____ Listing Price: $ _____ Lowest Price: $ _____

Date Sold: _____ $ _____ – $ _____ – $ _____ – $ _____ = $ _____
                          Sale Price   Cost   Fee(s)   Discount(s)   Profit

Notes: _____

_____

Inventory #

Brand & Description: _____

Date Sourced: _____ Location: _____ Cost: $ _____

Condition: NWT   Pre-Owned   Category: Women   Men   Kids

Tag Size: _____ Chest: _____ Length: _____ Sleeve: _____ Neck: _____

Waist: _____ Inseam: _____ Rise: _____ Other: _____

Material(s): _____ Style #: _____

Flaw(s): _____

Retail Price: $ _____ Listing Price: $ _____ Lowest Price: $ _____

Date Sold: _____ $ _____ – $ _____ – $ _____ – $ _____ = $ _____
                              Sale Price   Cost   Fee(s)   Discount(s)   Profit

Notes: _____
_____

Inventory #

Brand & Description: _____

Date Sourced: _____ Location: _____ Cost: $ _____

Condition: NWT   Pre-Owned   Category: Women   Men   Kids

Tag Size: _____ Chest: _____ Length: _____ Sleeve: _____ Neck: _____

Waist: _____ Inseam: _____ Rise: _____ Other: _____

Material(s): _____ Style #: _____

Flaw(s): _____

Retail Price: $ _____ Listing Price: $ _____ Lowest Price: $ _____

Date Sold: _____ $ _____ – $ _____ – $ _____ – $ _____ = $ _____
                              Sale Price   Cost   Fee(s)   Discount(s)   Profit

Notes: _____
_____

Inventory #

Brand & Description: _____

Date Sourced: _____ Location: _____ Cost: $_____

Condition: NWT Pre-Owned Category: Women Men Kids

Tag Size: _____ Chest: _____ Length: _____ Sleeve: _____ Neck: _____

Waist: _____ Inseam: _____ Rise: _____ Other: _____

Material(s): _____ Style #: _____

Flaw(s): _____

Retail Price: $_____ Listing Price: $_____ Lowest Price: $_____

Date Sold: _____ $_____ – $_____ – $_____ – $_____ = $_____
                        Sale Price   Cost   Fee(s)   Discount(s)   Profit

Notes: _____

_____

Inventory #

Brand & Description: _____

Date Sourced: _____ Location: _____ Cost: $_____

Condition: NWT Pre-Owned Category: Women Men Kids

Tag Size: _____ Chest: _____ Length: _____ Sleeve: _____ Neck: _____

Waist: _____ Inseam: _____ Rise: _____ Other: _____

Material(s): _____ Style #: _____

Flaw(s): _____

Retail Price: $_____ Listing Price: $_____ Lowest Price: $_____

Date Sold: _____ $_____ – $_____ – $_____ – $_____ = $_____
                        Sale Price   Cost   Fee(s)   Discount(s)   Profit

Notes: _____

_____

Inventory #

Brand & Description: _____

Date Sourced: _____ Location: _____ Cost: $_____

Condition: NWT   Pre-Owned   Category: Women   Men   Kids

Tag Size: _____ Chest: _____ Length: _____ Sleeve: _____ Neck: _____

Waist: _____ Inseam: _____ Rise: _____ Other: _____

Material(s): _____ Style #: _____

Flaw(s): _____

Retail Price: $_____ Listing Price: $_____ Lowest Price: $_____

Date Sold: _____ $_____ – $_____ – $_____ – $_____ = $_____
                           Sale Price   Cost   Fee(s)   Discount(s)   Profit

Notes: _____
_____

Inventory #

Brand & Description: _____

Date Sourced: _____ Location: _____ Cost: $_____

Condition: NWT   Pre-Owned   Category: Women   Men   Kids

Tag Size: _____ Chest: _____ Length: _____ Sleeve: _____ Neck: _____

Waist: _____ Inseam: _____ Rise: _____ Other: _____

Material(s): _____ Style #: _____

Flaw(s): _____

Retail Price: $_____ Listing Price: $_____ Lowest Price: $_____

Date Sold: _____ $_____ – $_____ – $_____ – $_____ = $_____
                           Sale Price   Cost   Fee(s)   Discount(s)   Profit

Notes: _____
_____

Inventory #

Brand & Description: _____

Date Sourced: _____ Location: _____ Cost: $ _____

Condition: NWT   Pre-Owned   Category: Women   Men   Kids

Tag Size: _____ Chest: _____ Length: _____ Sleeve: _____ Neck: _____

Waist: _____ Inseam: _____ Rise: _____ Other: _____

Material(s): _____ Style #: _____

Flaw(s): _____

Retail Price: $ _____ Listing Price: $ _____ Lowest Price: $ _____

Date Sold: _____ $ _____ – $ _____ – $ _____ – $ _____ = $ _____
                          Sale Price   Cost   Fee(s)   Discount(s)   Profit

Notes: _____

_____

Inventory #

Brand & Description: _____

Date Sourced: _____ Location: _____ Cost: $ _____

Condition: NWT   Pre-Owned   Category: Women   Men   Kids

Tag Size: _____ Chest: _____ Length: _____ Sleeve: _____ Neck: _____

Waist: _____ Inseam: _____ Rise: _____ Other: _____

Material(s): _____ Style #: _____

Flaw(s): _____

Retail Price: $ _____ Listing Price: $ _____ Lowest Price: $ _____

Date Sold: _____ $ _____ – $ _____ – $ _____ – $ _____ = $ _____
                          Sale Price   Cost   Fee(s)   Discount(s)   Profit

Notes: _____

_____

Inventory #

Brand & Description: _____

Date Sourced: _____ Location: _____ Cost: $ _____

Condition: NWT   Pre-Owned   Category: Women   Men   Kids

Tag Size: _____ Chest: _____ Length: _____ Sleeve: _____ Neck: _____

Waist: _____ Inseam: _____ Rise: _____ Other: _____

Material(s): _____ Style #: _____

Flaw(s): _____

Retail Price: $ _____ Listing Price: $ _____ Lowest Price: $ _____

Date Sold: _____ $ _____ – $ _____ – $ _____ – $ _____ = $ _____
                              Sale Price   Cost   Fee(s)   Discount(s)   Profit

Notes: _____

_____

Inventory #

Brand & Description: _____

Date Sourced: _____ Location: _____ Cost: $ _____

Condition: NWT   Pre-Owned   Category: Women   Men   Kids

Tag Size: _____ Chest: _____ Length: _____ Sleeve: _____ Neck: _____

Waist: _____ Inseam: _____ Rise: _____ Other: _____

Material(s): _____ Style #: _____

Flaw(s): _____

Retail Price: $ _____ Listing Price: $ _____ Lowest Price: $ _____

Date Sold: _____ $ _____ – $ _____ – $ _____ – $ _____ = $ _____
                              Sale Price   Cost   Fee(s)   Discount(s)   Profit

Notes: _____

_____

Inventory #

Brand & Description: _____

Date Sourced: _____ Location: _____ Cost: $_____

Condition: NWT   Pre-Owned   Category: Women   Men   Kids

Tag Size: _____ Chest: _____ Length: _____ Sleeve: _____ Neck: _____

Waist: _____ Inseam: _____ Rise: _____ Other: _____

Material(s): _____ Style #: _____

Flaw(s): _____

Retail Price: $_____ Listing Price: $_____ Lowest Price: $_____

Date Sold: _____ $_____ – $_____ – $_____ – $_____ = $_____
                           Sale Price   Cost   Fee(s)   Discount(s)   Profit

Notes: _____

_____

Inventory #

Brand & Description: _____

Date Sourced: _____ Location: _____ Cost: $_____

Condition: NWT   Pre-Owned   Category: Women   Men   Kids

Tag Size: _____ Chest: _____ Length: _____ Sleeve: _____ Neck: _____

Waist: _____ Inseam: _____ Rise: _____ Other: _____

Material(s): _____ Style #: _____

Flaw(s): _____

Retail Price: $_____ Listing Price: $_____ Lowest Price: $_____

Date Sold: _____ $_____ – $_____ – $_____ – $_____ = $_____
                           Sale Price   Cost   Fee(s)   Discount(s)   Profit

Notes: _____

_____

Inventory #

Brand & Description: _____

Date Sourced: _____ Location: _____ Cost: $_____

Condition: NWT   Pre-Owned   Category: Women   Men   Kids

Tag Size: _____ Chest: _____ Length: _____ Sleeve: _____ Neck: _____

Waist: _____ Inseam: _____ Rise: _____ Other: _____

Material(s): _____ Style #: _____

Flaw(s): _____

Retail Price: $_____ Listing Price: $_____ Lowest Price: $_____

Date Sold: _____ $_____ – $_____ – $_____ – $_____ = $_____
                        Sale Price   Cost   Fee(s)   Discount(s)   Profit

Notes: _____

_____

Inventory #

Brand & Description: _____

Date Sourced: _____ Location: _____ Cost: $_____

Condition: NWT   Pre-Owned   Category: Women   Men   Kids

Tag Size: _____ Chest: _____ Length: _____ Sleeve: _____ Neck: _____

Waist: _____ Inseam: _____ Rise: _____ Other: _____

Material(s): _____ Style #: _____

Flaw(s): _____

Retail Price: $_____ Listing Price: $_____ Lowest Price: $_____

Date Sold: _____ $_____ – $_____ – $_____ – $_____ = $_____
                        Sale Price   Cost   Fee(s)   Discount(s)   Profit

Notes: _____

_____

Inventory #

Brand & Description: _____

Date Sourced: _____ Location: _____ Cost: $ _____

Condition: NWT Pre-Owned Category: Women Men Kids

Tag Size: _____ Chest: _____ Length: _____ Sleeve: _____ Neck: _____

Waist: _____ Inseam: _____ Rise: _____ Other: _____

Material(s): _____ Style #: _____

Flaw(s): _____

Retail Price: $ _____ Listing Price: $ _____ Lowest Price: $ _____

Date Sold: _____ $ _____ – $ _____ – $ _____ – $ _____ = $ _____
                           Sale Price   Cost   Fee(s)   Discount(s)   Profit

Notes: _____

_____

Inventory #

Brand & Description: _____

Date Sourced: _____ Location: _____ Cost: $ _____

Condition: NWT Pre-Owned Category: Women Men Kids

Tag Size: _____ Chest: _____ Length: _____ Sleeve: _____ Neck: _____

Waist: _____ Inseam: _____ Rise: _____ Other: _____

Material(s): _____ Style #: _____

Flaw(s): _____

Retail Price: $ _____ Listing Price: $ _____ Lowest Price: $ _____

Date Sold: _____ $ _____ – $ _____ – $ _____ – $ _____ = $ _____
                           Sale Price   Cost   Fee(s)   Discount(s)   Profit

Notes: _____

_____

Inventory #

Brand & Description: _____

Date Sourced: _____ Location: _____ Cost: $ _____

Condition:　NWT　Pre-Owned　Category:　Women　Men　Kids

Tag Size: _____ Chest: _____ Length: _____ Sleeve: _____ Neck: _____

Waist: _____ Inseam: _____ Rise: _____ Other: _____

Material(s): _____ Style #: _____

Flaw(s): _____

Retail Price: $ _____ Listing Price: $ _____ Lowest Price: $ _____

Date Sold: _____　$ _____ – $ _____ – $ _____ – $ _____ = $ _____
　　　　　　　　　　　　　Sale Price　　Cost　　　Fee(s)　　Discount(s)　　Profit

Notes: _____

_____

Inventory #

Brand & Description: _____

Date Sourced: _____ Location: _____ Cost: $ _____

Condition:　NWT　Pre-Owned　Category:　Women　Men　Kids

Tag Size: _____ Chest: _____ Length: _____ Sleeve: _____ Neck: _____

Waist: _____ Inseam: _____ Rise: _____ Other: _____

Material(s): _____ Style #: _____

Flaw(s): _____

Retail Price: $ _____ Listing Price: $ _____ Lowest Price: $ _____

Date Sold: _____　$ _____ – $ _____ – $ _____ – $ _____ = $ _____
　　　　　　　　　　　　　Sale Price　　Cost　　　Fee(s)　　Discount(s)　　Profit

Notes: _____

_____

Inventory #

Brand & Description: _____

Date Sourced: _____ Location: _____ Cost: $ _____

Condition: NWT   Pre-Owned   Category: Women   Men   Kids

Tag Size: _____ Chest: _____ Length: _____ Sleeve: _____ Neck: _____

Waist: _____ Inseam: _____ Rise: _____ Other: _____

Material(s): _____ Style #: _____

Flaw(s): _____

Retail Price: $ _____ Listing Price: $ _____ Lowest Price: $ _____

Date Sold: _____ $ _____ – $ _____ – $ _____ – $ _____ = $ _____
                              Sale Price   Cost   Fee(s)   Discount(s)   Profit

Notes: _____

_____

Inventory #

Brand & Description: _____

Date Sourced: _____ Location: _____ Cost: $ _____

Condition: NWT   Pre-Owned   Category: Women   Men   Kids

Tag Size: _____ Chest: _____ Length: _____ Sleeve: _____ Neck: _____

Waist: _____ Inseam: _____ Rise: _____ Other: _____

Material(s): _____ Style #: _____

Flaw(s): _____

Retail Price: $ _____ Listing Price: $ _____ Lowest Price: $ _____

Date Sold: _____ $ _____ – $ _____ – $ _____ – $ _____ = $ _____
                              Sale Price   Cost   Fee(s)   Discount(s)   Profit

Notes: _____

_____

Inventory #

Brand & Description: _____

Date Sourced: _____ Location: _____ Cost: $ _____

Condition: NWT Pre-Owned Category: Women Men Kids

Tag Size: _____ Chest: _____ Length: _____ Sleeve: _____ Neck: _____

Waist: _____ Inseam: _____ Rise: _____ Other: _____

Material(s): _____ Style #: _____

Flaw(s): _____

Retail Price: $ _____ Listing Price: $ _____ Lowest Price: $ _____

Date Sold: _____ $ _____ – $ _____ – $ _____ – $ _____ = $ _____
                              Sale Price   Cost   Fee(s)   Discount(s)   Profit

Notes: _____

_____

Inventory #

Brand & Description: _____

Date Sourced: _____ Location: _____ Cost: $ _____

Condition: NWT Pre-Owned Category: Women Men Kids

Tag Size: _____ Chest: _____ Length: _____ Sleeve: _____ Neck: _____

Waist: _____ Inseam: _____ Rise: _____ Other: _____

Material(s): _____ Style #: _____

Flaw(s): _____

Retail Price: $ _____ Listing Price: $ _____ Lowest Price: $ _____

Date Sold: _____ $ _____ – $ _____ – $ _____ – $ _____ = $ _____
                              Sale Price   Cost   Fee(s)   Discount(s)   Profit

Notes: _____

_____

Inventory #

Brand & Description: _____

Date Sourced: _____ Location: _____ Cost: $ _____

Condition: NWT   Pre-Owned   Category: Women   Men   Kids

Tag Size: _____ Chest: _____ Length: _____ Sleeve: _____ Neck: _____

Waist: _____ Inseam: _____ Rise: _____ Other: _____

Material(s): _____ Style #: _____

Flaw(s): _____

Retail Price: $ _____ Listing Price: $ _____ Lowest Price: $ _____

Date Sold: _____ $ _____ – $ _____ – $ _____ – $ _____ = $ _____
                          Sale Price   Cost   Fee(s)   Discount(s)   Profit

Notes: _____
_____

Inventory #

Brand & Description: _____

Date Sourced: _____ Location: _____ Cost: $ _____

Condition: NWT   Pre-Owned   Category: Women   Men   Kids

Tag Size: _____ Chest: _____ Length: _____ Sleeve: _____ Neck: _____

Waist: _____ Inseam: _____ Rise: _____ Other: _____

Material(s): _____ Style #: _____

Flaw(s): _____

Retail Price: $ _____ Listing Price: $ _____ Lowest Price: $ _____

Date Sold: _____ $ _____ – $ _____ – $ _____ – $ _____ = $ _____
                          Sale Price   Cost   Fee(s)   Discount(s)   Profit

Notes: _____
_____

Inventory #

Brand & Description: _____

Date Sourced: _____ Location: _____ Cost: $ _____

Condition: NWT   Pre-Owned   Category: Women   Men   Kids

Tag Size: _____ Chest: _____ Length: _____ Sleeve: _____ Neck: _____

Waist: _____ Inseam: _____ Rise: _____ Other: _____

Material(s): _____ Style #: _____

Flaw(s): _____

Retail Price: $ _____ Listing Price: $ _____ Lowest Price: $ _____

Date Sold: _____ $ _____ – $ _____ – $ _____ – $ _____ = $ _____
                          Sale Price   Cost   Fee(s)   Discount(s)   Profit

Notes: _____
_____

Inventory #

Brand & Description: _____

Date Sourced: _____ Location: _____ Cost: $ _____

Condition: NWT   Pre-Owned   Category: Women   Men   Kids

Tag Size: _____ Chest: _____ Length: _____ Sleeve: _____ Neck: _____

Waist: _____ Inseam: _____ Rise: _____ Other: _____

Material(s): _____ Style #: _____

Flaw(s): _____

Retail Price: $ _____ Listing Price: $ _____ Lowest Price: $ _____

Date Sold: _____ $ _____ – $ _____ – $ _____ – $ _____ = $ _____
                          Sale Price   Cost   Fee(s)   Discount(s)   Profit

Notes: _____
_____

Inventory #

Brand & Description: _____

Date Sourced: _____ Location: _____ Cost: $ _____

Condition: NWT Pre-Owned Category: Women Men Kids

Tag Size: _____ Chest: _____ Length: _____ Sleeve: _____ Neck: _____

Waist: _____ Inseam: _____ Rise: _____ Other: _____

Material(s): _____ Style #: _____

Flaw(s): _____

Retail Price: $ _____ Listing Price: $ _____ Lowest Price: $ _____

Date Sold: _____ $ _____ – $ _____ – $ _____ – $ _____ = $ _____
Sale Price   Cost   Fee(s)   Discount(s)   Profit

Notes: _____

_____

Inventory #

Brand & Description: _____

Date Sourced: _____ Location: _____ Cost: $ _____

Condition: NWT Pre-Owned Category: Women Men Kids

Tag Size: _____ Chest: _____ Length: _____ Sleeve: _____ Neck: _____

Waist: _____ Inseam: _____ Rise: _____ Other: _____

Material(s): _____ Style #: _____

Flaw(s): _____

Retail Price: $ _____ Listing Price: $ _____ Lowest Price: $ _____

Date Sold: _____ $ _____ – $ _____ – $ _____ – $ _____ = $ _____
Sale Price   Cost   Fee(s)   Discount(s)   Profit

Notes: _____

_____

Inventory #

Brand & Description: _____

Date Sourced: _____ Location: _____ Cost: $ _____

Condition: NWT Pre-Owned Category: Women Men Kids

Tag Size: _____ Chest: _____ Length: _____ Sleeve: _____ Neck: _____

Waist: _____ Inseam: _____ Rise: _____ Other: _____

Material(s): _____ Style #: _____

Flaw(s): _____

Retail Price: $ _____ Listing Price: $ _____ Lowest Price: $ _____

Date Sold: _____ $ _____ − $ _____ − $ _____ − $ _____ = $ _____
                        Sale Price   Cost   Fee(s)   Discount(s)   Profit

Notes: _____

Inventory #

Brand & Description: _____

Date Sourced: _____ Location: _____ Cost: $ _____

Condition: NWT Pre-Owned Category: Women Men Kids

Tag Size: _____ Chest: _____ Length: _____ Sleeve: _____ Neck: _____

Waist: _____ Inseam: _____ Rise: _____ Other: _____

Material(s): _____ Style #: _____

Flaw(s): _____

Retail Price: $ _____ Listing Price: $ _____ Lowest Price: $ _____

Date Sold: _____ $ _____ − $ _____ − $ _____ − $ _____ = $ _____
                        Sale Price   Cost   Fee(s)   Discount(s)   Profit

Notes: _____

Inventory #

Brand & Description: _____

Date Sourced: _____ Location: _____ Cost: $ _____

Condition: NWT   Pre-Owned   Category: Women   Men   Kids

Tag Size: _____ Chest: _____ Length: _____ Sleeve: _____ Neck: _____

Waist: _____ Inseam: _____ Rise: _____ Other: _____

Material(s): _____ Style #: _____

Flaw(s): _____

Retail Price: $ _____ Listing Price: $ _____ Lowest Price: $ _____

Date Sold: _____ $ _____ – $ _____ – $ _____ – $ _____ = $ _____
                          Sale Price   Cost   Fee(s)   Discount(s)   Profit

Notes: _____

_____

Inventory #

Brand & Description: _____

Date Sourced: _____ Location: _____ Cost: $ _____

Condition: NWT   Pre-Owned   Category: Women   Men   Kids

Tag Size: _____ Chest: _____ Length: _____ Sleeve: _____ Neck: _____

Waist: _____ Inseam: _____ Rise: _____ Other: _____

Material(s): _____ Style #: _____

Flaw(s): _____

Retail Price: $ _____ Listing Price: $ _____ Lowest Price: $ _____

Date Sold: _____ $ _____ – $ _____ – $ _____ – $ _____ = $ _____
                          Sale Price   Cost   Fee(s)   Discount(s)   Profit

Notes: _____

_____

Inventory #

Brand & Description: _____

Date Sourced: _____ Location: _____ Cost: $ _____

Condition: NWT   Pre-Owned   Category: Women   Men   Kids

Tag Size: _____ Chest: _____ Length: _____ Sleeve: _____ Neck: _____

Waist: _____ Inseam: _____ Rise: _____ Other: _____

Material(s): _____ Style #: _____

Flaw(s): _____

Retail Price: $ _____ Listing Price: $ _____ Lowest Price: $ _____

Date Sold: _____ $ _____ – $ _____ – $ _____ – $ _____ = $ _____
                              Sale Price   Cost   Fee(s)   Discount(s)   Profit

Notes: _____

_____

Inventory #

Brand & Description: _____

Date Sourced: _____ Location: _____ Cost: $ _____

Condition: NWT   Pre-Owned   Category: Women   Men   Kids

Tag Size: _____ Chest: _____ Length: _____ Sleeve: _____ Neck: _____

Waist: _____ Inseam: _____ Rise: _____ Other: _____

Material(s): _____ Style #: _____

Flaw(s): _____

Retail Price: $ _____ Listing Price: $ _____ Lowest Price: $ _____

Date Sold: _____ $ _____ – $ _____ – $ _____ – $ _____ = $ _____
                              Sale Price   Cost   Fee(s)   Discount(s)   Profit

Notes: _____

_____

Inventory #

Brand & Description: _____

Date Sourced: _____ Location: _____ Cost: $_____

Condition: NWT   Pre-Owned   Category: Women   Men   Kids

Tag Size: _____ Chest: _____ Length: _____ Sleeve: _____ Neck: _____

Waist: _____ Inseam: _____ Rise: _____ Other: _____

Material(s): _____ Style #: _____

Flaw(s): _____

Retail Price: $_____ Listing Price: $_____ Lowest Price: $_____

Date Sold: _____ $_____ – $_____ – $_____ – $_____ = $_____
                          Sale Price   Cost   Fee(s)   Discount(s)   Profit

Notes: _____

_____

Inventory #

Brand & Description: _____

Date Sourced: _____ Location: _____ Cost: $_____

Condition: NWT   Pre-Owned   Category: Women   Men   Kids

Tag Size: _____ Chest: _____ Length: _____ Sleeve: _____ Neck: _____

Waist: _____ Inseam: _____ Rise: _____ Other: _____

Material(s): _____ Style #: _____

Flaw(s): _____

Retail Price: $_____ Listing Price: $_____ Lowest Price: $_____

Date Sold: _____ $_____ – $_____ – $_____ – $_____ = $_____
                          Sale Price   Cost   Fee(s)   Discount(s)   Profit

Notes: _____

_____

Inventory #

Brand & Description: _____

Date Sourced: _____ Location: _____ Cost: $_____

Condition: NWT   Pre-Owned   Category: Women   Men   Kids

Tag Size: _____ Chest: _____ Length: _____ Sleeve: _____ Neck: _____

Waist: _____ Inseam: _____ Rise: _____ Other: _____

Material(s): _____ Style #: _____

Flaw(s): _____

Retail Price: $_____ Listing Price: $_____ Lowest Price: $_____

Date Sold: _____ $_____ – $_____ – $_____ – $_____ = $_____
                             Sale Price   Cost   Fee(s)   Discount(s)   Profit

Notes: _____
_____

Inventory #

Brand & Description: _____

Date Sourced: _____ Location: _____ Cost: $_____

Condition: NWT   Pre-Owned   Category: Women   Men   Kids

Tag Size: _____ Chest: _____ Length: _____ Sleeve: _____ Neck: _____

Waist: _____ Inseam: _____ Rise: _____ Other: _____

Material(s): _____ Style #: _____

Flaw(s): _____

Retail Price: $_____ Listing Price: $_____ Lowest Price: $_____

Date Sold: _____ $_____ – $_____ – $_____ – $_____ = $_____
                             Sale Price   Cost   Fee(s)   Discount(s)   Profit

Notes: _____
_____

Inventory #

Brand & Description: _____

Date Sourced: _____ Location: _____ Cost: $ _____

Condition: NWT   Pre-Owned   **Category:**   Women   Men   Kids

Tag Size: _____ Chest: _____ Length: _____ Sleeve: _____ Neck: _____

Waist: _____ Inseam: _____ Rise: _____ Other: _____

Material(s): _____ Style #: _____

Flaw(s): _____

Retail Price: $ _____ Listing Price: $ _____ Lowest Price: $ _____

Date Sold: _____ $ _____ – $ _____ – $ _____ – $ _____ = $ _____
                                    Sale Price   Cost   Fee(s)   Discount(s)   Profit

Notes: _____

_____

Inventory #

Brand & Description: _____

Date Sourced: _____ Location: _____ Cost: $ _____

Condition: NWT   Pre-Owned   **Category:**   Women   Men   Kids

Tag Size: _____ Chest: _____ Length: _____ Sleeve: _____ Neck: _____

Waist: _____ Inseam: _____ Rise: _____ Other: _____

Material(s): _____ Style #: _____

Flaw(s): _____

Retail Price: $ _____ Listing Price: $ _____ Lowest Price: $ _____

Date Sold: _____ $ _____ – $ _____ – $ _____ – $ _____ = $ _____
                                    Sale Price   Cost   Fee(s)   Discount(s)   Profit

Notes: _____

_____

Inventory #

Brand & Description: _____

Date Sourced: _____ Location: _____ Cost: $ _____

Condition: NWT   Pre-Owned   Category: Women   Men   Kids

Tag Size: _____ Chest: _____ Length: _____ Sleeve: _____ Neck: _____

Waist: _____ Inseam: _____ Rise: _____ Other: _____

Material(s): _____ Style #: _____

Flaw(s): _____

Retail Price: $ _____ Listing Price: $ _____ Lowest Price: $ _____

Date Sold: _____ $ _____ – $ _____ – $ _____ – $ _____ = $ _____
                          Sale Price   Cost   Fee(s)   Discount(s)   Profit

Notes: _____

_____

Inventory #

Brand & Description: _____

Date Sourced: _____ Location: _____ Cost: $ _____

Condition: NWT   Pre-Owned   Category: Women   Men   Kids

Tag Size: _____ Chest: _____ Length: _____ Sleeve: _____ Neck: _____

Waist: _____ Inseam: _____ Rise: _____ Other: _____

Material(s): _____ Style #: _____

Flaw(s): _____

Retail Price: $ _____ Listing Price: $ _____ Lowest Price: $ _____

Date Sold: _____ $ _____ – $ _____ – $ _____ – $ _____ = $ _____
                          Sale Price   Cost   Fee(s)   Discount(s)   Profit

Notes: _____

_____

Inventory #

Brand & Description: _____

Date Sourced: _____ Location: _____ Cost: $_____

Condition: NWT   Pre-Owned   Category: Women   Men   Kids

Tag Size: _____ Chest: _____ Length: _____ Sleeve: _____ Neck: _____

Waist: _____ Inseam: _____ Rise: _____ Other: _____

Material(s): _____ Style #: _____

Flaw(s): _____

Retail Price: $_____ Listing Price: $_____ Lowest Price: $_____

Date Sold: _____ $_____ – $_____ – $_____ – $_____ = $_____
                            Sale Price   Cost   Fee(s)   Discount(s)   Profit

Notes: _____

_____

Inventory #

Brand & Description: _____

Date Sourced: _____ Location: _____ Cost: $_____

Condition: NWT   Pre-Owned   Category: Women   Men   Kids

Tag Size: _____ Chest: _____ Length: _____ Sleeve: _____ Neck: _____

Waist: _____ Inseam: _____ Rise: _____ Other: _____

Material(s): _____ Style #: _____

Flaw(s): _____

Retail Price: $_____ Listing Price: $_____ Lowest Price: $_____

Date Sold: _____ $_____ – $_____ – $_____ – $_____ = $_____
                            Sale Price   Cost   Fee(s)   Discount(s)   Profit

Notes: _____

_____

Inventory #

Brand & Description: _____

Date Sourced: _____ Location: _____ Cost: $ _____

Condition:　NWT　Pre-Owned　Category:　Women　Men　Kids

Tag Size: _____ Chest: _____ Length: _____ Sleeve: _____ Neck: _____

Waist: _____ Inseam: _____ Rise: _____ Other: _____

Material(s): _____ Style #: _____

Flaw(s): _____

Retail Price: $ _____ Listing Price: $ _____ Lowest Price: $ _____

Date Sold: _____ $ _____ – $ _____ – $ _____ – $ _____ = $ _____

　　　　　　　　　　　　　Sale Price　　　Cost　　　　Fee(s)　　　Discount(s)　　　Profit

Notes: _____

_____

Inventory #

Brand & Description: _____

Date Sourced: _____ Location: _____ Cost: $ _____

Condition:　NWT　Pre-Owned　Category:　Women　Men　Kids

Tag Size: _____ Chest: _____ Length: _____ Sleeve: _____ Neck: _____

Waist: _____ Inseam: _____ Rise: _____ Other: _____

Material(s): _____ Style #: _____

Flaw(s): _____

Retail Price: $ _____ Listing Price: $ _____ Lowest Price: $ _____

Date Sold: _____ $ _____ – $ _____ – $ _____ – $ _____ = $ _____

　　　　　　　　　　　　　Sale Price　　　Cost　　　　Fee(s)　　　Discount(s)　　　Profit

Notes: _____

_____

Inventory #

Brand & Description: _____

Date Sourced: _____ Location: _____ Cost: $ _____

Condition: NWT   Pre-Owned   Category: Women   Men   Kids

Tag Size: _____ Chest: _____ Length: _____ Sleeve: _____ Neck: _____

Waist: _____ Inseam: _____ Rise: _____ Other: _____

Material(s): _____ Style #: _____

Flaw(s): _____

Retail Price: $ _____ Listing Price: $ _____ Lowest Price: $ _____

Date Sold: _____ $ _____ – $ _____ – $ _____ – $ _____ = $ _____
                         Sale Price   Cost   Fee(s)   Discount(s)   Profit

Notes: _____

_____

Inventory #

Brand & Description: _____

Date Sourced: _____ Location: _____ Cost: $ _____

Condition: NWT   Pre-Owned   Category: Women   Men   Kids

Tag Size: _____ Chest: _____ Length: _____ Sleeve: _____ Neck: _____

Waist: _____ Inseam: _____ Rise: _____ Other: _____

Material(s): _____ Style #: _____

Flaw(s): _____

Retail Price: $ _____ Listing Price: $ _____ Lowest Price: $ _____

Date Sold: _____ $ _____ – $ _____ – $ _____ – $ _____ = $ _____
                         Sale Price   Cost   Fee(s)   Discount(s)   Profit

Notes: _____

_____

Inventory #

Brand & Description: _____

Date Sourced: _____ Location: _____ Cost: $ _____

Condition: NWT   Pre-Owned   Category: Women   Men   Kids

Tag Size: _____ Chest: _____ Length: _____ Sleeve: _____ Neck: _____

Waist: _____ Inseam: _____ Rise: _____ Other: _____

Material(s): _____ Style #: _____

Flaw(s): _____

Retail Price: $ _____ Listing Price: $ _____ Lowest Price: $ _____

Date Sold: _____ $ _____ – $ _____ – $ _____ – $ _____ = $ _____
                            Sale Price   Cost   Fee(s)   Discount(s)   Profit

Notes: _____

_____

Inventory #

Brand & Description: _____

Date Sourced: _____ Location: _____ Cost: $ _____

Condition: NWT   Pre-Owned   Category: Women   Men   Kids

Tag Size: _____ Chest: _____ Length: _____ Sleeve: _____ Neck: _____

Waist: _____ Inseam: _____ Rise: _____ Other: _____

Material(s): _____ Style #: _____

Flaw(s): _____

Retail Price: $ _____ Listing Price: $ _____ Lowest Price: $ _____

Date Sold: _____ $ _____ – $ _____ – $ _____ – $ _____ = $ _____
                            Sale Price   Cost   Fee(s)   Discount(s)   Profit

Notes: _____

_____

Inventory #

Brand & Description: _____

Date Sourced: _____ Location: _____ Cost: $ _____

Condition: NWT   Pre-Owned   Category: Women   Men   Kids

Tag Size: _____ Chest: _____ Length: _____ Sleeve: _____ Neck: _____

Waist: _____ Inseam: _____ Rise: _____ Other: _____

Material(s): _____ Style #: _____

Flaw(s): _____

Retail Price: $ _____ Listing Price: $ _____ Lowest Price: $ _____

Date Sold: _____ $ _____ – $ _____ – $ _____ – $ _____ = $ _____
                              Sale Price   Cost   Fee(s)   Discount(s)   Profit

Notes: _____
_____

Inventory #

Brand & Description: _____

Date Sourced: _____ Location: _____ Cost: $ _____

Condition: NWT   Pre-Owned   Category: Women   Men   Kids

Tag Size: _____ Chest: _____ Length: _____ Sleeve: _____ Neck: _____

Waist: _____ Inseam: _____ Rise: _____ Other: _____

Material(s): _____ Style #: _____

Flaw(s): _____

Retail Price: $ _____ Listing Price: $ _____ Lowest Price: $ _____

Date Sold: _____ $ _____ – $ _____ – $ _____ – $ _____ = $ _____
                              Sale Price   Cost   Fee(s)   Discount(s)   Profit

Notes: _____
_____

Inventory #

Brand & Description: _____

Date Sourced: _____ Location: _____ Cost: $ _____

Condition: NWT   Pre-Owned   Category: Women   Men   Kids

Tag Size: _____ Chest: _____ Length: _____ Sleeve: _____ Neck: _____

Waist: _____ Inseam: _____ Rise: _____ Other: _____

Material(s): _____ Style #: _____

Flaw(s): _____

Retail Price: $ _____ Listing Price: $ _____ Lowest Price: $ _____

Date Sold: _____ $ _____ – $ _____ – $ _____ – $ _____ = $ _____
                            Sale Price   Cost   Fee(s)   Discount(s)   Profit

Notes: _____

_____

Inventory #

Brand & Description: _____

Date Sourced: _____ Location: _____ Cost: $ _____

Condition: NWT   Pre-Owned   Category: Women   Men   Kids

Tag Size: _____ Chest: _____ Length: _____ Sleeve: _____ Neck: _____

Waist: _____ Inseam: _____ Rise: _____ Other: _____

Material(s): _____ Style #: _____

Flaw(s): _____

Retail Price: $ _____ Listing Price: $ _____ Lowest Price: $ _____

Date Sold: _____ $ _____ – $ _____ – $ _____ – $ _____ = $ _____
                            Sale Price   Cost   Fee(s)   Discount(s)   Profit

Notes: _____

_____

Inventory #

Brand & Description: _____

Date Sourced: _____ Location: _____ Cost: $ _____

Condition: NWT   Pre-Owned   **Category:**   Women   Men   Kids

Tag Size: _____ Chest: _____ Length: _____ Sleeve: _____ Neck: _____

Waist: _____ Inseam: _____ Rise: _____ Other: _____

Material(s): _____ Style #: _____

Flaw(s): _____

Retail Price: $ _____ Listing Price: $ _____ Lowest Price: $ _____

Date Sold: _____ $ _____ – $ _____ – $ _____ – $ _____ = $ _____
                          Sale Price   Cost   Fee(s)   Discount(s)   Profit

Notes: _____

_____

Inventory #

Brand & Description: _____

Date Sourced: _____ Location: _____ Cost: $ _____

Condition: NWT   Pre-Owned   **Category:**   Women   Men   Kids

Tag Size: _____ Chest: _____ Length: _____ Sleeve: _____ Neck: _____

Waist: _____ Inseam: _____ Rise: _____ Other: _____

Material(s): _____ Style #: _____

Flaw(s): _____

Retail Price: $ _____ Listing Price: $ _____ Lowest Price: $ _____

Date Sold: _____ $ _____ – $ _____ – $ _____ – $ _____ = $ _____
                          Sale Price   Cost   Fee(s)   Discount(s)   Profit

Notes: _____

_____

www.ingramcontent.com/pod-product-compliance
Lightning Source LLC
Chambersburg PA
CBHW081002170526
45158CB00010B/2880